WESTEND

CHRISTINE PRAYON

ABSCHIEDSTOUR

Eine Utopie

WESTEND

Mehr über unsere Autoren und Bücher:
www.westendverlag.de

Die Deutsche Nationalbibliothek verzeichnet diese Publikation in
der Deutschen Nationalbibliografie; detaillierte bibliografische Daten
sind im Internet über http://dnb.d-nb.de abrufbar.

ISBN: 978-3-86489-370-4
© Westend Verlag GmbH, Frankfurt/Main 2022
Umschlaggestaltung: Buchgut, Berlin
Satz: Publikations Atelier, Dreieich
Druck und Bindung: CPI – Clausen & Bosse, Leck
Printed in Germany

Inhalt

Vorwort

Bücherschreiben ist nichts für mich. Lieber erzähle ich meine Geschichten auf der Bühne. Da kann man, wenn man mal nichts zu sagen hat, einfach nur gucken. Oder mit den Zehen wackeln.

Warum also ein Buch? Weil es gerade keine Bühnen gibt. Wegen Dingsbums, Sie wissen schon. Das ist wie bei … sagen wir mal, wie beim Juchtenkäfer, dem sein natürlicher Lebensraum genommen wird, sagen wir mal, weil Andere bei ihm zuhause einen Bahnhof bauen. Der stirbt dann aus oder er geht woanders hin.

Da Aussterben für mich momentan noch keine Alternative ist, suche ich mir meine Bühnen jetzt woanders.

Da wäre ich nun also. In Ihrem Buch.

Was machmer?

Normalerweise würde ich jetzt erst mal einen Schluck Wasser trinken und ins Publikum gucken und dann in mein Textbuch, 20 oder 30 Sekunden lang, für das Publikum gefühlte zehn Minuten. Dann würde das Publikum beginnen, unsicher zu werden (meint die das ernst?), Einige würden beginnen, nervös zu lachen oder das Nichtgeschehen lustig zu kommentieren, Andere würden sich über die amüsieren, die beginnen, nervös zu werden, und wieder Andere hätten jetzt schon Lust, die Karte zurückzugeben.

Es lässt sich schwer beschreiben, was in solchen Momenten im Theater geschieht. Ich versuche mal, eine Entsprechung für meine neue Bühne, das Buch, und mein neues Publikum, Sie, die Leser*innen, zu finden. Wie wäre es damit:

Und …? Haben Sie was gespürt? War es unangenehm? War's komisch? Möchten Sie das Buch am liebsten türenknallend verlassen? Sind Sie jetzt gespannt, wie es weitergeht?

Wunderbar. So soll es sein. Das ist die Magie der Bühne!

Falls wir jetzt doch noch Kapitalismus haben

Sie müssen sich das so vorstellen: Ich, die von Ihnen bezahlte Künstlerin, sitze »jetzt«, also in einer Zeit lange vor der, in der Sie jetzt, also tatsächlich jetzt-jetzt, diese Zeilen lesen, vor meinem leeren Blatt Papier und es ist Dingsbums, Sie wissen schon.

Es ist also eine Zeit, in der man eigentlich gar nichts von Bestand schreiben kann, da sich alles wöchentlich, täglich, an manchen Tagen sogar stündlich ändert. Das Einzige, das man mit Gewissheit sagen kann, ist, dass nachher nichts mehr so sein wird wie vor Dingsbums. Es ist also eine Zeit für Utopien und selbstverständlich auch für Dystopien, je nachdem, ob man der »Das Glas ist halb voll«- oder der »Das Glas ist halb leer«-Typ ist.

Ich bin der »Halb voll«-Typ, aber nur, weil ich im Grunde der »Halb leer«-Typ bin und mich aus Angst vor Depressionen für das Andere entschieden habe.

Anders gesagt: Wir können uns im Moment sicherlich alle darauf einigen, dass das Glas so was von halb leer ist, dass der ganze zusammengekratzte Rest-Optimismus höchstens in dem Wörtchen »halb« steckt, und auch das ist noch ein Euphemismus. Es ist ja nicht mal halb leer, das Glas. Da ist noch so ein Pfützchen drin, und das ist nicht mal Wasser oder Wein oder Matcha-Latte. Das ist ganz trübe, übel riechende … ich sag's nicht. Stellen Sie es sich selber vor. Darum geht es doch auf der Bühne – um Imagination!

Ich komme mal auf den Punkt. Gerade weil das Glas so kurz vor leer ist, gibt es jetzt zwei Möglichkeiten (genau genommen gibt es natürlich immer mehr als zwei Möglichkeiten, aber das ist wieder ein anderes Thema): Entweder wird es nach Dingsbums besser oder es wird schlimmer. Entweder biegen wir links oder rechts ab. Entweder Utopie oder Dystopie. Zu einfach? Zu populistisch? Ich darf das, ich mache Satire.

Entweder lernt die Gesellschaft aus dieser Dingsbumskrise, die wie die Finanzkrise, die Flüchtlingskrise oder der Klimawandel nur eine weitere Systemkrise ist. Oder die Gesellschaft lernt nichts daraus und der Kapitalismus dreht noch eine weitere, womöglich letzte Runde, bevor sich das mit der Menschheit dann von selbst erledigt. Immer noch zu einfach? Ja, natürlich. Wenn ich es weniger einfach sage, wird es nicht deutlich.

Ich habe mich für die Utopie entschieden. Das Glas ist halb voll. Das ist schön. Jetzt gibt es nur ein Problem: Es ist nicht komisch. Über Utopien zu reden ist interessant, anstrengend, anregend, aber komisch ist es nicht.[1]

Das ist an sich kein Problem, denn es MUSS ja nicht komisch sein. Für mich als Kabarettistin ist es aber eben doch ein Problem, weil ich gar nicht weiß, ob ich anders als »komisch« über eine Sache reden KANN oder WILL … Heidewitzka! Ich bin ein Rindvieh. Jetzt hab ich doch schon wieder vergessen, dass ich gar keine Kabarettistin mehr bin. Hach, diese vermaledeiten alten Muster und Denkstrukturen.

---

1 Ausgenommen natürlich die fabelhaften Heile-Welt-Karikaturen in den Satiremagazinen bekannter Sekten, in denen Mittelschichtsfamilien gemeinsam mit Pandabären picknicken. Schon mal gesehen? Saukomisch.

Schluss damit! Christine! Das hier ist ein Buch, keine Bühne! Du bist …

Gucken Sie mal gerade weg.

Ja, ich meine Sie, den Leser oder die Leserin. Gucken Sie mal weg. Die nächsten Zeilen gehen nur an meine Adresse. Das ist so eine Art Ausstieg aus der Rolle, also so eine Art Theatermonolog, wenn die Rolle auf der Bühne allein ist und anfängt, ganz selbstverständlich mit sich selbst zu reden, wofür ich jetzt keine Entsprechung im Buch finde. Deshalb bitte: Gucken Sie mal kurz weg. Sie können beim nächsten Kapitel weiterlesen.

Christine! Das hier ist kein Kabarett! Hier muss nichts auf Pointe enden. Hör auf, zwanghaft komisch sein zu wollen. Lass los! Christine! Lass los! Lass, verdammt noch mal, los! Ich meine das ernst, lass jetzt mal los! Sieh das doch mal als Chance hier! Halt das einfach mal aus, dass keiner lacht. Guck mal, das ist doch das Schöne an einem Buch, dass du gar nicht mitkriegst, dass keiner lacht. Es kann dir doch so was von scheißegal sein, was die Idio… und überhaupt: Das Kabarett ist eh tot.

Utopia oder:
Das Kabarett ist eh tot

Wissen Sie, was Sie für Glückspilze sind, dass die Bühnen dicht sind und Sie sich kein Kabarett mehr ansehen müssen?

Stellen Sie sich mal vor, ich würde das jetzt hier machen wie früher, vor Dingsbums. Wissen Sie noch – Kabarett? Stellen Sie sich mal einen Moment vor, ich würde Ihnen jetzt was über Demokratieabbau erzählen, über unser ungerechtes Bildungssystem, über die Schere zwischen Arm und Reich … Wofür?? Soll ich Sie aufklären? Worüber? Darüber, dass unsere Politik von Konzernen gemacht wird, FÜR Konzerne? Darüber, dass unsere total unabhängige Presse ein paar reichen Säcken gehört? Ui, da hab ich Ihnen jetzt ein Geheimnis verraten, ne?

Sollen wir uns aufregen? Sollen wir uns darüber aufregen, dass Stuttgart 21 ein völlig sinnloses Projekt ist, welches in Mafia-Manier und mit fetten Lügen auf Teufel komm raus durchgesetzt wird? Oder darüber, dass 70 Jahre nach dem Zweiten Weltkrieg Nazis in Deutschland morden und der Verfassungsschutz da offensichtlich tief mit drinsteckt und das alle wissen und das keine Sau interessiert und das absolut folgenlos bleibt?

Sollen wir uns darüber aufregen, dass die Lufthansa neun Milliarden Euro bekommt, während hier ein Theater nach dem anderen vor der Schließung steht? Sollen wir uns darüber aufregen, dass aus Krisen scheinbar nie was gelernt wird?

Dass das, was für die Leute vorher schon scheiße war, nachher in der Regel noch scheißer ist? Dass es immer mehr Verlierer und die immer gleichen Gewinner gibt?

Sollen wir Schuldige dafür finden, um nicht über das Prinzip reden zu müssen, über die strukturellen Ursachen, die den immer gleichen Mist in immer neuen Farben und Formen hervorbringen, ob das Finanzkrise oder Flüchtlingskrise oder … Dingsbumskrise heißt, ob das Stuttgart 21 ist oder 'ne Überwachungs-App, Abgasskandale, Abhörskandale, Abwrackpauschale?

Haben wir uns schon oft drüber aufgeregt, oder?

Wenn Korruption und Lüge so klar, so evident, so transparent und salonfähig sind, dass darüber nicht mehr aufgeklärt werden muss, und wenn es jeden Tag einen neuen Aufreger gibt, sodass ich mit dem Michaufregen gar nicht mehr hinterherkomme und das Michaufregen so normal wird, dass mich eigentlich nichts mehr aufregen kann, dann brauch ich auch kein Kabarett.

Wenn alles transparent ist – was soll man dann mit Kabarett sichtbar machen? Was willste da überhaupt satirisch zuspitzen? Ist doch alles Satire. Und selbst das festzustellen, ist überflüssig, weil das schon so viele festgestellt haben. Früher waren Verschwörungstheorien noch theoretisch und Realität realistisch. Früher waren Verschwörungstheorien voll abgefahren, heute ist Realität der heiße Scheiß. Ich schwöre, Realität ist die geilste Verschwörung von allen. Also jetzt richtig echte Realität, nicht Tagesschau oder so.

Was willste da Kabarett machen? Geht ja auch gar nicht: Kabarett ist Kritik plus Witze. Aber Kritik ist gerade so … Gestern hab ich die Frau an der Käsetheke gefragt, ob sie mir den Gouda nicht bitte mal in dickere Scheiben schneiden könne, weil die den immer so hauchdünn schneidet, dass der mehr Luft als Käse ist. Sagt die zu mir: »Nicht in dem Ton! Mit Käse-Leugnern rede ich nicht!«

Ich sag nix mehr.

Früher fand ich Kritik geil! Früher fand ich das voll wichtig, den Kapitalismus zu kritisieren. Kann man gut Geld mit verdienen. Auf Galas von Banken und Unternehmen und Parteien. Gute Sache, Galas. 8000 Euro pro Abend, wenn's gut läuft. Bei der Lufthansa 12000. Da kann man mal den Verantwortlichen INS GESICHT sagen, was man von ihnen hält. Und da kriegen die Angst. Damit rechnen die nämlich gar nicht, wenn die sich 'n Kabarettisten kaufen!

Heute könnte ich das nicht mehr. Wozu auch? Jetzt müsste man ja eigentlich über die Zukunft reden, wenn man noch Kabarettist*in wäre, so wie das hier alles gerade läuft. Es wäre doch sinnlos, hier immer weiter nur das Bestehende zu kritisieren oder wie für so 'n Panini-Sammelheft jedes neue Symptom der Misere entdecken, einkleben und beschriften zu wollen. Ist es nicht eigentlich höchste Eisenbahn, überall, im Kabarett, in den Medien, in der Politik, gesamtgesellschaftlich eine Diskussion über alternative Lebens- und Gesellschaftsformen zu starten? Darüber, wie wir das miteinander hinkriegen, nicht auf Kosten Anderer, weil – is klar – wenn wir so wie bisher weitermachen, können wir uns demnächst 'ne Wohnung im Bunker oder auf'm Mars besorgen. Machen die Superreichen schon, wussten Sie das? Kein Witz. Die rechnen gar nicht mehr damit, dass die Erde zu retten ist. Die kaufen schon Dosen-Sushi für die Apokalypse.

Darüber hat David Graeber kurz vor seinem Tod was gesagt. Graeber kennste? Kennste Graeber? Bekannter Viro… bekannter Anthropologe! Graeber hat gesagt:

»Warum behalten wir nicht in Erinnerung, was wir gelernt haben, auch nachdem der aktuelle Notstand für beendet erklärt wird: dass ›die Wirtschaft‹, sofern das Wort überhaupt eine Bedeutung hat, die Art und Weise meint, wie wir uns gegenseitig mit dem versorgen, was wir zum Leben (in all seinen Facetten) benötigen; und dass das, was wir ›den Markt‹ nennen, in der Hauptsache ein Mechanismus ist, um Ordnung in die Fülle der zum Teil pathologischen Wünsche reicher Leute zu bringen, von denen die mächtigsten bereits Entwürfe für Bunker fertiggestellt haben, in die sie sich flüchten können, falls wir weiterhin dumm genug sind, den Reden ihrer Günstlinge Glauben zu schenken, auf dass uns der gesunde Menschenverstand fehlt, um irgendetwas gegen die bevorstehenden Katastrophen zu unternehmen.

Können wir diese Reden diesmal bitte einfach ignorieren?

Die meiste Arbeit, der wir heute nachgehen, ist Traumarbeit. Sie existiert nur um ihrer selbst willen; oder um reichen Leuten ein gutes Gefühl zu geben; oder um armen Leuten ein schlechtes Gefühl zu geben. Würden wir das einfach einmal sein lassen, dann könnten wir einander weitaus vernünftigere Versprechen machen: zum Beispiel eine ›Wirtschaft‹ zu schaffen, in der wir uns tatsächlich um die Menschen kümmern können, die sich tagtäglich um uns kümmern.«[2]

Also, eigentlich – wenn man jetzt noch Kabarettist*in WÄRE – müsste man jetzt anfangen, über Transformation zu reden. Transformation kennste? Kennste Transformation?

---

2 Essay von David Graeber: »Wir können nach der Pandemie nicht einfach weiterträumen.« Veröffentlicht am 11. März 2021 im Jacobin Magazin. https://jacobin.de/artikel/david-graeber-essay-posthum-corona-krise-pandemie-bullshit-jobs/.

Pass auf: »Du, ich fahr jeden Sommer in so 'n Yoga-Retreat auf Borneo. Die bieten da megageile Transformations-Sessions an.« – »Äächt? Oah, ich steh total auf Transpiration.«

(Tschuldigung. Das mit den Gags wollte ich sein lassen.)

Ich meine, wir können uns hier die nächsten zwei Jahre auch über Dingsbums unterhalten. Virolog*innenwitze laufen gerade gut! Kennen Sie den: »Streiten sich zwei Virologen. Sagt der eine: ›Drosten so doof?‹ Sagt der andere: ›Ey, Streeck mich nicht an! Bakh di!‹«

(Tschuldigung. Den versteht man im Buch nicht. Auf der Bühne war der ein Riesen-Brüller. Ach Mensch, war das schön … Dieses Gefühl, wenn man gemeinsam mit dem Publi…)

Transformation! Wenn wir anders leben wollen … MÜSSEN, können wir natürlich einfach das Alte kaputt machen und dann gucken, wie's weitergeht. Aber … die Wahrscheinlichkeit, dass es wieder scheiße wird, nur anders, ist ziemlich hoch, wenn das kein Prozess … also, wenn wir nicht schon vorher ganz viel … durchdacht und ausprobiert haben. Weil wir ja das Alte gewöhnt sind, weil wir gar nicht gelernt haben, das Neue zu machen. Deshalb: Wenn wir zum Beispiel rausfinden, nur so als Beispiel, ich kann mich jetzt auch irren, wenn wir also rausfinden, dass eine freie Gesellschaft eigentlich nur ohne Herrschaft möglich ist … und dass sie eigentlich auf die Bedürfnisse aller Menschen eingehen müsste, also eine inkludierende Gesellschaft, keine exkludierende wie die unsrige, bei der unser Wohlstand nur durch Ausbeutung anderer Menschen gewährleistet ist … Boah, wie macht man daraus jetzt 'ne Pointe?? Wenn man daran gewöhnt ist, so was zu sagen wie: Kennen Sie ein anderes Wort für Arschkriecher? Ich schon: Po-Falla!

(Tschuldigung.)

Nee, Utopien sind der Killer. Wenn's witzig sein soll. Dystopien super. Aber Utopien, nee. Gut, dass ich aus der Nummer raus bin.

Transformation! Wie sieht so eine freie Gesellschaft aus und wie schafft man die? Reformen? Revolution? Und WER macht das? Wenn wir jemanden wählen, der uns das richten soll, haben wir dann nachher nicht wieder das Problem, dass die Alten zwar weg sind, aber die Neuen ja auch wieder was von oben verordnen? Im Interesse von … ja wem? Von allen? Wie soll das gehen, wenn Einzelne die Herrschaft haben? Heißt das also, wir müssten ALLE an dieser Dings … Transformation beteiligt sein? Auch mein Nachbar, für den ich jeden Tag Pakete von Zalando annehme und dessen Kinder nur aufs Smartphone glotzen? Auch die Lady, die mit ihrem Porsche Cayenne bei Feinstaubalarm aus ihrer Stadtrandvilla in die City fährt, um da einen Espresso zu trinken, und schlecht gelaunt wieder zurückfährt? Auch die Nazi-Fachverkäuferin beim Fleischer hinter der Theke? Auch der Kollege, der immer sagt, wir sollen aufhören zu jammern, es geht uns doch allen saugut? Mit solchen Gestalten Zukunft gestalten?

Wenn man echte Emanzipation will, müssen alle mitmachen dürfen, oder? Ich befürchte, keiner MACHT einen emanzipiert. Das heißt, wir müssten uns ganz viel darüber unterhalten, welche Formen des Wohnens, des Produzierens, aber auch des Liebens und Lebens wir eigentlich wollen. Und dann müssten wir das jetzt schon ausprobieren, in unserem Umfeld, in der Familie, in der Kita, an der Uni, am Arbeitsplatz. Und dann würden wir Fehler machen und alles wieder verwerfen. Und wieder reden. Und was Neues ausprobieren. Und so weiter. Das wäre am Anfang bestimmt noch ganz wacklig und die Erfolge wären selten und klein. Und es wäre leicht, die Sache zu diffamieren und kaputtzumachen. Aber wir sind ja viele, und wir würden das ja wollen, und deshalb würden wir sicherer werden. Experten in Sachen Neuland. Und vielleicht stellen wir dann fest, dass es das ja eigentlich schon ist: das, wohin wir uns auf den Weg gemacht haben. Dass es dieser WEG ist, das Scheitern und dann doch wieder einen Schritt weiterkommen und dann wieder scheitern und zwei Schritte weiterkommen … und dass die Idee, die Utopie ja nur der Motor für das Eigentliche ist und nicht das Ziel. Dass es gar nicht darum geht, diese Idee perfekt umzusetzen, aber dass du natürlich 'ne Idee brauchst, damit überhaupt was passiert.

Es gibt ja Leute, die sich tatsächlich schon so Modelle ausdenken, wie so was ganz konkret aussehen könnte, so 'ne freie Gesellschaft. Also, zum Beispiel, wie geht das, dass alle Menschen über das verfügen können, was sie wirklich zum Leben brauchen, für sich und ihre Kinder?

Geht natürlich NICHT. Wer soll das bezahlen?

Es gibt echt Leute, gut, das sind Freaks, Spinner, klar, die dieses Gemeinschaftliche so richtig, in echt ausprobieren: in Wohnprojekten, Genossenschaften, Foodsharing-Cafés, im digitalen Bereich, Open Source, Linux zum Beispiel … Ich meine, neu ist der Gedanke ja eh nicht. Gab's im Mittelalter ja auch schon: Allmende und so … Die sich also überlegen: Wie lässt sich Wissen oder Nahrung oder Wohnraum teilen? Wie kann man das ALLES SELBST machen, strukturieren, ohne Hierarchie, ohne Herrschaft? Ohne Staat! Also jetzt nicht ohne Organisation, nur eben ohne Blockwart, ohne irgendeinen Aufseher oder Bestimmer oder Unterdrücker. Gleichberechtigt!

(Hier ist jetzt eine Pause zum Drüber-Nachdenken.)

Das geht ja gar nicht. Das ginge ja nur, wenn man dieses ganze Belohnungs- und Bestrafungsgedöns, dieses protestantische Arbeits-Ethos abschaffen würde ... Aber das ist ja ...

Es gibt Leute, die sagen, wir haben uns das alles selber eingebrockt, dann können wir's auch selber wieder ausbrocken. Es gibt sogar Leute, die sagen, uns bleibt gar nichts Anderes übrig, wir MÜSSEN uns was Anderes überlegen.

(Noch eine Pause zum Drüber-Nachdenken.)

Also, wenn da was dran wääääre, da bin ich aber froh, dass ICH darüber NICHT mehr reden muss, weil man mit so was ja in den Verdacht kommt, Kommunismus gut zu finden, und DAS ...

(Kurze Pause für Entrüstung.)

Also, ich lasse mir Vieles vorwerfen, dass ich keinen Humor habe, dass ich 'ne schlechte Mutter bin, aber eines verbitte ich mir: ICH BIN KEINE KOMMUNISTIN!

Ich bin ... schon irgendwie links, aber ... Kommunismus, das ist doch hier äh ... Puhdys und Gulags und so. Das ist doch Stasi... Stali... Nismus. Nordkorea. Venezuela. Alles dasselbe. Kommunismus halt.

Tschuldigung, das Wort macht immer schlechte Laune, ich weiß. Aber das müssen Sie nicht so ernst nehmen, ist doch Unterhaltung. Ich bin doch Kabarettistin. Ach nee. Egal.

Es mag ja sein, dass all diese Vorstellungen von einer besseren Zukunft, von einem befriedigenderen Leben der Grundidee des Kommunismus entsprechen, aber ich sag mal, selbst wenn das so ist, möchte ich nichts damit zu tun haben.

Geht gar nicht um die Sache. Es geht um das Wort. Wenn's um die Sache ginge, müsste man sich ja wirklich mal damit beschäftigen, also mit der Idee dahinter, aber solange das Ding Kommunismus heißt, bin ich raus. Lieber Apokalypse als Kommunismus. Das sagen doch alle! Bertelsmann, Springer UND die BILD.

Hey, die Idee ist vielleicht schön, aber das FUNKTIONIERT nicht! Ham wir doch gesehen, hier DDR und so. Jajadaswarkommunismus. Ich muss es wissen. Ich bin Wessi. Okay, sagen wir mal: Es war EIN VERSUCH, so 'ne »Art Kommunismus« umzusetzen. Also eigentlich war's kein Kommunismus, sondern autoritärer Realsozialismus. Staatssozialismus. Staatskapitalismus … Aber es HÄTTE WELCHER WERDEN SOLLEN, also kann man das SCHON Kommunismus nennen, obwohl's ja eigentlich richtigen Kommunismus noch nie gab, aber da würde ich jetzt mit dem Differenzieren nicht so weit gehen, weil sonst kommt man ja GAR nicht zu der Schlussfolgerung, dass die Idee scheiße ist, und die Idee IST scheiße. Würde ich jetzt NICHT noch mal versuchen. Das FUNKTIONIERT NICHT!

Kapitalismus funktioniert. Gut, nicht für alle, aber … immerhin schon mal für ein Prozent. Und die, für die er nicht funktioniert, glauben aber, dass er irgendwann mal für sie funktionieren könnte. Das ist ja auch was: wenn der Glaube was bewegt.

Und ich glaube … nein, ich weiß, Kommunismus funktioniert nicht. Dafür ist der Mensch zu schlecht. Von Natur aus. So genetisch. Sagen alle. Bertelsmann, Springer, die BILD. Sogar renommierte Wissenschaftler*innen. Sarrazin zum Beispiel. Der Mensch ist ein Raubtier. Ne. Der kann gar nicht anders. Ich zum Beispiel. Wenn mein Sohn mit mir spielen möchte, sag ich immer: »Nee, du, ich kann in der Zeit ECHT was Anderes machen. Kannst du mal eine Sekunde nachdenken, bevor du mich so was fragst? Ich mein, da kann ich mal meine Homepage aktualisieren oder mir die Beine rasieren fürs Casting. Das ist ja rausgeschmissene Zeit, wenn ich mit dir jetzt einfach nur irgendwelche … Knetmännchen knete oder … so Türme baue, die nachher eh wieder umfallen …« Nee, da entscheide ich mich immer klipp und klar GEGEN mein Kind und FÜR die Arbeit, also für MICH, wenn ich die Wahl hab. Logo. Ich bin ja ein Raubtier.

Oder letztens im Kindergarten: Haben die gefragt, ob mal alle mit anpacken könnten – da müsste die Garderobe mal umgeräumt und frisch gestrichen werden. Hab ich denen gesagt: »Nee, Leute. Das ist mir so was von egal, wie das hier aussieht. Das macht mal schön ohne mich.« Oder hier der Nachbar. Wollte, dass ich ihm die Blumen gieße, während er im Urlaub ist. Hab ich zu ihm gesagt: »Geht's noch? Da können Sie mal schön bei Google nach 'nem billigen Studenten schauen, der Ihnen das macht. Ich bin doch nicht Ihre Scheißgärtnerin!« Hat der gesagt: »Das ist aber nicht sehr nett von Ihnen.« Hab ich gesagt: »Hallo? Das ist menschlich. Ich bin ein Raubtier.«

Also, bitte verschont mich mit Kommunismus. Das funktioniert nicht!

Aber 'ne schöne Idee.

Der GröCoZ

In Kapitel 2 haben wir gelernt, dass das Kabarett tot und der Kapitalismus das Ende der Geschichte ist.

In Kapitel 3 möchte ich auf die Problematik der Refeudalisierung in pandemischen Zeiten und die Gefahr einer sich dadurch verschärfenden Faschisierung hinweisen.

Auf der Bühne würde ich jetzt moralisch an unsere Solidargemeinschaft appellieren und eindringlich vor Nazis warnen. Kleiner Scherz. Man kann ja nur vor etwas warnen, was noch nicht da ist. Nazis waren schon lange vor Dingsbums da. (Waren sie überhaupt schon mal nicht da?) Sie werden in Post-Dingsbums-Zeiten einfach nur noch selbstverständlicher da sein und noch öfter und noch mehr.

Wahrscheinlich sollte man als professionelle*r Lustige*r langsam sogar überlegen, selber auch rechtes Kabarett zu machen, wenn man damit in Zukunft noch Geld verdienen möchte. Fascho-Comedy!

Auftritt lustige Person.

Leute, IST DAS GEIL!!

Wenn ihr sehen könntet, wie GEIL das von der Bühne hier aussieht … Wie viele seid ihr? 50 000? 100 000? HAM-MER!

Hey, ein riesiges Dankeschön an die Vorband, Christine Peyron, super gemacht … und ein riesiges Doppel-Dankeschön an die Veranstalter, dass WIR ALLE heute Abend dieses Mega-Event HIER IM SPORTPALAST feiern dürfen! Applaus! *(Selber klatschen.)*

Wollt ihr 'ne Sonderbehandlung, ihr kleinen Zecken? *(Im Ballermann-Duktus:)* Kriegt ihr!! Soll ja Spaß machen hier und nicht in Stress entarten. Hab ich mich eigentlich schon vorgestellt? Ich bin der »Größte Comedian aller Zeiten« – der GRÖCOZ! Wollt ihr die totale Comedy? Alles klar, heute wird gelacht und nicht gedacht. *(Gestisch Hirn wegschießen und dann selber darüber lachen müssen.)*

Leute, gestern ist mir was passiert: Ich wollte so meine Show anfangen, ausverkauft, kleine, schnuckelige Location, 25 000 Fans, kommt so 'ne … Kultur-Dingsbums-Gender-Be-auftragten-Kackbratze auf die Bühne und macht erst mal so 'ne »Begrüßung«. *(»Öko-Tante« parodieren. Wichtig: Spöttisch überzeichnen, damit deutlich wird, wie blöd solche Leute sind, etwa so: »Ja hallo erst mal, schön, dass so viele gekommen sind und dass ihr so bunt gemischt seid …«)* Ey, ich schwöre, die Schlampe hat bestimmt gefühlte 3 000 Mal das Wort »Diver-sifikation« gesagt. Diversifika… Oder war's Diversität? Egal, Hauptsache, Universität.

Ey, wenn ich mich so richtig zugelötet hab und den Kasten Bier wieder aus meinem Magen befördern will, dann geht das am schnellsten mit EINEM WORT: DIVERSIFIKATION! *(Das Wort gestisch »herauskotzen«:)* Diversifikation, Diversifi-kation … *(Wichtig: Selber Spaß am »Kotzen« haben, sonst ist es nicht lustig für das Publikum!)*

Boah ey, was sind das für Spasten, die sich solche Wörter ausdenken? Wollen uns damit erbrechen? Ey, ich schwöre, das ist 'ne Todesart. Nicht umsonst steckt das Wort »erbrechen« in dem Wort »Verbrechen« drin. *(Warten, bis beim Publikum der Groschen fällt. Dann gemeinsam mit dem Publikum über die geile Pointe schmunzeln. Bruch (üben!): Auf sich selber zeigen und ganz trocken »Universität« sagen.)*

Ey, ernsthaft, was sind das für Bazillen? Ich stell mir immer so 'ne Prenzlauer-Berg-Öko-Helikopter-Mutti vor, die so im Café sitzt, zehn Latte Macchiato auf Ex *(Schlürf-Geste)*, die Brut hier in so 'm Alnatura-Beutel vorne drin, und dann denkt die sich all diese Wörter aus, *(Parodie »Öko-Tante« s. o.:)* »Mm, die spätkapitalistische Gesellschaft entwickelt faschistoide Züge« oder »Pöse Kentrifikation« oder »Diversifikation«. *(Wieder Brechreiz, ist ja ein Running Gag.)*

Ey, wisst ihr, was ich glaube? Ich glaub, dieselbe Mutti hat sich in demselben Café diese abartige MeToo-Kampagne ausgedacht! Aber »Mutti-Kampagne« war der zu uncool, hatse aus MU-TTI »ME TOO« gemacht. *(Lachen, dann trocken absetzen:)* Universität … Alder, ich schwöre, das ist 'ne Kampagne von lauter Muttis, die frustriert sind, weil sie keiner mehr flachlegen will! Deswegen reden die auch ständig übers Ficken! Ne, Diversi-FIK-ation … *(Brechreiz. Jetzt Parodie »doofe Mutter«, Opferton:)* Oh Gott, mir schießt die Milch ein, warum kann ich keine Milf sein? *(Lacher. Mit größtmöglicher Gleichgültigkeit:)* Me Too … Das ist einfach nur ein Neidproblem, was irgendwelche grauen Mäuse mit den Alpha-Exemplaren ihrer Gattung haben. Oder habt ihr schon mal ein richtiges Rasseweib jammern hören: ME TOO!

(Schlecht gespielter Schreck (üben!):) Oh! Darf man »Rasseweib« noch sagen? Ist das Wort eigentlich rassistisch oder sexistisch?

Ey, Spaß, Leute! War'n Witz! Humor! Schwarzer Humor. Ja, Humor ist IMMER schwarz. Steckt ja schon im Wort mit drin: Hu-Mohr! *(Lachen, damit die Leute wissen, dass hier selbstverständlich gelacht werden darf beziehungsweise soll.)*

Oh, tschuldigung, darf man ja nicht mehr sagen. Es muss natürlich heißen: Hu-maximalpigmentiert!!

Ey, nicht lachen: Das ist wichtig, korrekte deutsche Sprache. *(Parodie »Intellektueller«. Möglichst diffamierend, damit der Zuschauer versteht, was von Political Correctness zu halten ist.)* »Sprache ist Denken!« *(Bruch, jetzt wieder normaler Mensch:)* Häh? Moment mal, Alder, hast du gerade gesagt »Sprache ist Denken«? Ich dachte immer, Denken ist denken. Wenn jetzt Denken Sprache sein soll, was ist'n dann sprechen? Gedanken, oder was? Also was jetzt? Sprechen oder denken? Oder beides gleichzeitig? Vielleicht am besten einfach mal Fresse halten, nich?

Apropos Denken: Mit dem Denken hab ich's eh nicht so, tut mir leid, Leute, bei 40 Grad draußen wird das hier oben flüssig *(auf die Stirn tippen),* und dann denk ich besser mit 'm Schwanz – ist klar, ne, im Erdgeschoss ist immer kühler als auf'm Dachboden. Apropos Hitze: Wusstet ihr, dass es demnächst in Dänemark einen Ballermann gibt? Ja! Wegen dieser Scheiß-»Erderwärmung«. Alder, ich schwöre. Kannste demnächst mit so'm Wochenend-Ticket von Bempflingen nonstop an die Nordsee kutschen und für 29 Euro ALL INK. 'ne Woche inner dänischen Sonne brutzeln. Mit so Aquavit aus Eimern. Und Plastikstrohhalm. Ey, wenn DAS der Klimawandel ist, her damit!

Aber Leute, ich bin nicht nur voll PC, ich bin auch voll tolerant und so. Ich find zum Beispiel Frauen … Frauen kennt ihr, kennt ihr Frauen? Pass auf: Frauen … das ist so, äh … so 'ne Art Männer, nur nicht ganz fertig geworden … Wo war ich? Toleranz. Ich find, Frauen sollten über ihren Körper selber entscheiden dürfen. Ne … also zum Beispiel über die Frage, ob Muschis unbedingt rasiert werden müssen … oder besser doch gewaxt! Da misch ich mich als Mann nicht ein.

(Charmantes Lächeln, die Zustimmung der Zuschauer antizipieren:) Mir ist nur das Ergebnis wichtig …

Oder hier: Abtreibung! Soll sie selber entscheiden! MEINEN Segen hat sie. ICH bin FÜR Abtreibung. Guck ma, wenn HÜHNER ALLE ihre Babys austragen würden, könnt ICH morgens kein Spiegelei essen! Und ich LIEBE Spiegelei! Leute, ich BRAUCH PROTEINE … *(zwischen die Beine deuten.)* Wie soll ich sonst denken?? *(Garantierter Lacher!! Stimme heben, damit der Gag 100 Prozent sitzt.)*

Wisst ihr, was … *(Publikum wird immer noch lachen und klatschen, deshalb am besten selber lachen, dann »erziehen«:)* Ey, kommt ma runter! *(Weiter gemeinsam mit dem Publikum lachen.)* Oh Mann, seid ihr geil … Ihr seid das geilste Publikum EVER!!! … Nee, wisst ihr, was ich … *(»streng«:)* Ist gut jetzt! Danke! Beruhigt euch mal wieder.

Wisst ihr, was mir so 'n Assi mal vorgeworfen hat? Ich würde Dritte-Welt-Kabarett machen … Ich so: »Bitte WAS? Dritte-Welt-Kabarett?« Ich wusste gar nicht, was die größere Beleidigung ist: Kabarett oder Dritte Welt! Und was soll Dritte-Welt-Kabarett überhaupt sein – unterentwickeltes Kabarett? Witze über Flüchtlinge? Würd ich nie machen. Wegen Niveau und so. Da gibt's bei mir 'ne Untergrenze … *(Supergag, Pause für Lacher machen.)* – Und dann stellte sich raus, ich hab mich verhört. Der meinte gar nicht Dritte WELT, der meinte Drittes REICH! Das war also gar keine Beleidigung, das war ein LOB! Ey Leute, ich bin Reichskabarettist! Wie cool ist das denn?

(Sich abfeiern lassen, dann final nachschieben:) Übrigens, kennt ihr den: Kommt 'ne Frau in 'ne Bäckerei, *(mit Heidi-Klum-Piepsstimme)* dingdong, guten Tag, ich hätte gerne zwei N███küsse. – Oh, das darf man aber nicht mehr sagen! – Echt?? Wie heißen die denn jetzt bei Ihnen? – Flücht-

lingsküsse! – *(Sich vor die Stirn schlagen.)* Hätte ich mir ja denken können! Deshalb liegen so viele in der Auslage … Na, dann machen Sie mir doch mal so 'n leckeres Flüchtlings-kuss-Böötchen, ääääh, Brötchen! Aber Sie müssen die richtig klatschen, also aufklatschen, also reinklatschen, die müssen Matsche sein, dann schmeckt's geil. Mmmh, lecker. Dingdong!

Dankeschön. Tschüss, Leute! *(Winken.)* Schönen Abend noch. Bleibt so endgeil! Und lasst euch euern Hass nicht nehmen. Das ist alles, was ihr habt!

Abgang lustige Person.

Die Nachrichten I

(Jingle.) Die Nachrichten! Da sollst du dich nach richten!

Guten Abend, meine Damen und Herren. Die Zahl der Arbeitslosen ist erneut zurückgegangen. Damit hat die Arbeitslosenquote einen Rekord-Tiefstand erreicht: Es wurden im vergangenen Monat nur zwei Menschen als arbeitslos gemeldet. Expert*innen sprechen vom Deutschen Wirtschaftswunder. Grund dafür ist das sogenannte Gute-Jobcenter-Gesetz: Seit Beginn dieses Jahres darf die Bundesagentur für Arbeit Hartz IV-Anträge ablehnen und sogenannte Arbeitssuchlinge in prekäre Länder wie Griechenland oder Spanien abschieben. Diese Länder gelten als »sicher prekär« und sind Arbeitssuchlingen aller Schichten aufgrund ihrer Langzeit-Erfahrung im Ausweglosigkeits-Sektor zuzumuten. Für schwer integrierbare Arbeitssuchlinge bietet die Bundesagentur für Arbeit auch Rückbildungsgymnastik an: Ziel ist weniger Bildung und dadurch ein Plus an Zufriedenheit. Durch Lockerungs- und Dehnungsübungen der Hirnmasse entstünden, so der Arbeitssuchlings-Beauftragte Eichmann, »dümmere Menschen, die dann bereit sind, jeden Scheiß für nichts zu machen«.

In Deutschland hat sich durch die Einführung dieser Maßnahmen die Zahl der Wutbürger auf 0,1 Personen reduziert. Eine weitere Ursache dafür dürfte auch die erfolgreiche Flüchtlingsvernichtung der letzten Jahre sein.

Beim diesjährigen Klimagipfel erschien die Kanzlerin in einem lässigen Jumpsuit von Prada. Frankreichs Staatschef präsentierte sich ungewohnt casual in Jeans und luftigem Longsleeve von Dolce und Gabbana, während der amerikanische Präsident mit einem Dreiteiler von Marc Jacobs eher klassisch-elegante Akzente setzte. Hauptthema der Gespräche war das deutlich sichtbare Bäuchlein der Kanzlerin, welches sich unter ihrem Jumpsuit abzeichnete. Spekulationen über eine Schwangerschaft machten die Runde, blieben von der Kanzlerin allerdings bislang unkommentiert. Eine Stellungnahme dazu wird auf der abschließenden Pressekonferenz zum Klimagipfel erwartet.

Und zum Schluss das Wetter: Es darf die Badehose ausgepackt werden. Bei angenehmen Temperaturen um die 59 Grad wird es auch am morgigen Tag, dem 27. Januar, wieder sonnig und heiter mit vereinzelten Tornados im Main-Taunus-Gebiet und auf der Schwäbischen Alb.

Die Zahlen des Tages. Der Asulenz-Wert liegt bei 98. Er ist im Vergleich zum Vortag um drei gesunken. Das ist viermal mehr als noch im vergangenen Herbst und bedeutet bei einem weiteren Rückgang um sieben, dass ab Montag die Dienstage als Mittwoche gelten. Die weiteren Zahlen: 12, 304, 31.

Das waren die Nachrichten. Sie wurden Ihnen heute präsentiert von Aha! Push!, dem Hochglanzmagazin für kaputte Konsumenten, und der Firma Krauss-Maffei.

Im Anschluss ein Brennpunkt zum aktuellen, kontrovers besprochenen Programm des Größten Comedians aller Zeiten, genannt GröCoZ. Es diskutieren heute Abend folgende

Gäste: der GröCoZ. Moderiert wird der Brennpunkt von einer Moderatorin. Viel Vergnügen.

(Jingle.) Das war'n die Nachrichten. Da sollst du dich nach richten.

Der Brennpunkt

Moderatorin: Hallo, liebe Leute, hier ist eure Mabsi Moderabsi vom »Brennpunkt«. Schön, dass ihr zugeschaltet habt … äh … reingefallen! Ihr könnt ja gar nicht zuschalten. Das ist ja ein Buch und kein Fernseher! *(Lacht.)* Oh Mann, ich liebe Meta-Ebene!

Leute, wir machen heute einen Extra-Brennpunkt, weil auf deutschen Bühnen gerade eine kleine Sensation stattfindet. Es gibt einen jungen Comedian, der gerade eine comedianhafte – pardon – eine kometenhafte Karriere startet. *(Schmunzelnd:)* Ich liebe Wortspiele – sorry … Ihr habt gerade Ausschnitte aus seinem Programm gesehen … äh, gelesen, hihi … mit dem wunderbaren Titel »HÄH? WIE NOCH MAL? DAS HAB ICH JETZT REIN HIRNTECHNISCH NICHT VERSTANDEN!«. Seit Tagen diskutiert die Welt über nichts anderes mehr. Das Internet platzt aus allen Nähten. Wir haben einen solchen Hype seit dem Video mit der Katze, die Klavier spielen kann, nicht mehr erlebt. Was macht diesen jungen Mann so unwiderstehlich und was ist das Revolutionäre an seinen Aussagen? Darüber möchte ich heute Abend mit meinen Gästen diskutieren. Guten Abend, GröCoZ!

GröCoZ: Hey, Mabsi.

Moderatorin: GröCoZ, erst mal herzlichen Glückwunsch zu deinem Erfolg. Tolle Sache, dass so polarisierende Themen jetzt auch ihren Weg in den Mainstream finden. Wir haben's ja gerade gesehen, eine – wie ich finde – geniale Nummer, deine satirischen Nachrichten, wo du diese Idee hast, Arbeitslose wie Geflüchtete abzuschieben, was ja eine böse Kritik an den Verhältnissen ist. Ne, BEIDE sind Opfer des Kapitalismus, die Arbeitslosen UND die Geflüchteten, BEIDE werden an den Rand der Gesellschaft geschoben und dann wird den EINEN suggeriert, die ANDEREN seien schuld an ihrer Misere. Dabei sitzen die eigentlichen Verursacher*innen dieser Marginalisierung ganz woanders und reiben sich die Hände. Stichwort: Teile und herrsche. Interessant wäre doch mal der Gedanke, wenn unsere sogenannten besorgten Bürger*innen erkennen würden, dass es nicht die Geflüchteten sind, die ihnen auf der Tasche liegen und die Arbeitsplätze wegnehmen … ich meine, hallo – Flüchtlingskosten pro Jahr ca. 15 Milliarden Euro, Rettung der Banken 236 Milliarden … Was sagst du dazu?

GröCoZ: Kann sein, aber das ist nicht meine Nummer.

Moderatorin: *(Lacht.)* Äh … versteh ich jetzt nicht?

GröCoZ: Meine Nummer war VOR den Nachrichten. Die Nachrichten waren einfach nur die Nachrichten, keine Comedy. – Also, jedenfalls nicht meine. Boah, ich hasse Meta-Ebene.

Moderatorin: Ach, dann warst du der mit dem Flüchtlingswitz?

GröCoZ: Ja, genau.

Moderatorin: Wie heißt du noch mal?

GröCoZ: GröCoZ.

Moderatorin: Jaa … nee, du hast doch auch noch so 'n anderen Namen, diese eine Rolle, aus der dich alle kennen …

GröCoZ: Ach so, du meinst Paul Pogrom.

Moderatorin: Ja! – Findest du das witzig?

GröCoZ: *(Lacht.)* Jaja, Moment! Der Witz funktioniert ja nur im Zusammenhang mit der Punch Line. Pass auf: Ich komm raus und sag so: Hey Leute! Pogrom is in the house! Wollen wir die Bude abfackeln?? SO ist der Witz.

Moderatorin: Aha. Na, das war ja schon ein bisschen … Finden Sie nicht, dass Sie da … Entschuldigung, ich darf dich doch siezen, oder?

GröCoZ: Nö, möchte ich eigentlich nicht. Warum?

Moderatorin: Na ja, jetzt, wo wir uns ein bisschen besser kennengelernt haben. Ich muss jetzt mal so direkt fragen: Finden Sie das nicht verantwortungslos?

GröCoZ: Was?

Moderatorin: Ihr Pogrom. PROGRAMM!

GröCoZ: Wieso? Hab ICH ja nicht geschrieben.

Moderatorin: Ach so, ja dann.

GröCoZ: MEIN Job ist, die Leute zum Lachen zu bringen. Wie 'n Handwerker. INHALT ist NICHT meine Baustelle. Guck mal, du bist doch hier auch nur die Moderatoren-puppe. Wenn die wollen, dass du 'n Brennpunkt über Salafisten machst, machst du 'n Brennpunkt über Salafisten. Und wenn die wollen, dass du 'n Brennpunkt über Fußpilz machst, dann machst du 'n Brennpunkt über Fußpilz. Wenn die wollen, dass ich sage: Gott hat den Längsten – dann sag ich: Gott hat den Längsten. Auch wenn ich persönlich denke, der von Allah ist länger. *(Lacht.)* Sorry. Witzefabrik.

Moderatorin: Darf ich mal fragen, was so verkehrt an Political Correctness sein soll? Ich als Frau finde es ganz angenehm, wenn man nicht Fräulein zu mir sagt – ich sag zu Ihnen ja auch nicht Männlein. Und wenn ein Schwarzer sagt, er möchte als Schwarzer bezeichnet werden, ist es doch das Mindeste an Respekt, wenn ich ihn dann genau so nenne und nicht, wie ICH es für richtig halte. Ist das so anstrengend? Ist das zu viel verlangt?

GröCoZ: Na ja, das, was du sagst, find ich nur teilweise.

Moderatorin: … Teilweise was?

GröCoZ: Na, teilweise halt. Nicht wirklich weise, sondern eben nur teilweise. Wenn mir ein Politiker was von Würde und Menschenrechten erzählt und gleichzeitig kein Problem damit hat, Flüchtlinge absaufen zu lassen – warum soll ICH mich dann PC ausdrücken? Wenn der Laden hier insgesamt anders läuft, bin ich der Erste, der Benimmregeln akzeptiert. Aber erst dafür sorgen, dass hier alle so 'n Hals auf Flüchtlinge haben, und dann sagen, dass ich ein Arschloch bin, weil ich Flüchtling sage und nicht Geflüchteter … DAS ist politisch inkorrekt. Das ist wie … ein Gesundheitssystem kaputtsparen und dann sagen, wer sich nicht impfen lässt, nimmt jemand anderem das Krankenhausbett weg und ist ein unsolidarisches Arschloch. DAS ist politisch inkorrekt. Das ist Ablenkung. Die freuen sich doch, wenn sich hier alle kloppen und die *(zeigt nach oben)* in Ruhe lassen.

(Stille.)

Moderatorin: Das war jetzt aber ganz schön links.

GröCoZ: Pff. Was ist links? Wagenknecht? Habeck? Schröder? Merkel oder was?

Moderatorin: Okay, okay. Ja, stimmt, das gibt's eigentlich alles gar nicht mehr, links und rechts und so. Das heißt, Sie
denken selber gar nicht so, wie Sie auf der Bühne …[3]

GröCoZ: Also, meiner Meinung nach gibt es sehr wohl links
und rechts, das kann man sehr wohl definieren, diese
Scheiß-Verwirrung entsteht doch nur dadurch, dass die
Scheiß-Linken den Scheiß-Klassenkampf aufgegeben haben. Und die Scheiß-Rechten und die Irgendwie-ein-biss-
chen-Rechten kapern Inhalte und Symbole der Linken,
und dann entsteht der Eindruck, es wäre alles eins. Dann
gibt es gar keine Maßstäbe, keine Standards mehr, damit

---

3 Moment, ich muss kurz was dazu sagen. Also, ich jetzt. Christine
Prayon. Ich hab die Szene geschrieben und an der Stelle folgenden
Vermerk gemacht, der mir wichtig ist, weil Sie das Buch ja sicherlich
einem Faktencheck[4] unterziehen werden: »Die von den Figuren
GröCoZ und Mabsi Moderabsi hier zum Ausdruck gebrachte Verwir-
rung bei der Verwendung der Begriffe ›links‹ und ›rechts‹ gibt nicht
die Gefühlslage der Autorin wieder. Sie übernimmt auch keine Ver-
antwortung für die Inhalte des von ihren Figuren innerhalb dieser
Szene Geäußerten. Die Autorin selbst hat eine dezidierte Meinung
zu diesem Thema, die jetzt hier den Fluss der Szene aber nicht weiter stören soll und deshalb nur auf persönliche Anfrage an das Ma-
nagement der Autorin nicht beantwortet wird. Danke.«

4 Der Faktencheck ist ein unverzichtbares Mittel zur Kontrolle Ihrer Lektüre. Nicht nur bei Nachrichten oder Informationen sollten Sie vorsich-
tig sein. Auch oder gerade im Bereich der Kunst ist es fahrlässig, bloß zu
konsumieren, ohne den Inhalt auf seine Richtigkeit untersucht zu haben. Viele Bücher, die als »große Literatur« gelten, halten einem Faktencheck leider nicht stand. Ich habe ganze Passagen bei Shakespeare, Tu-
cholsky, Bertolt Brecht u. v. a. gefunden, die zwar auf einer bestimmten
Ebene »Wahrheiten« enthalten, jedoch bedauerlicherweise nichts mit
unserer faktisch verifizierten Wahrheit, also der richtigen echten Wahrheit zu tun haben.

macht man jedes Gespräch darüber kaputt, aber ich halt mich da raus. »Diskutieren Sie mit uns auf Facebook« – NEIN! Tu ich nicht! Da bau ich lieber ein Regal zusammen, hab ich mehr über die Welt gelernt. Das war KEIN Ikea-Witz, ich hab ja schon noch 'ne Würde. Wenn das alles egal ist, was links und rechts ist, dann ist auch egal, was oben und unten ist, aber dann hört auf, Leute, Bonus-punkte für den Himmel zu sammeln, weil: Der Himmel ist die Hölle, Abstand ist Nähe, negativ ist positiv, und die Lüge ist die Wahrheit. Aber wer bin ich, dass ich euch er-kläre, worum's hier geht? Da kommt ihr schon selber drauf. Ich seh auch gar nicht ein, hier irgendwas rechtfer-tigen zu müssen. Das ist Kunst und keine Volkshochschule. Da geht's nicht um Fakten, da geht's um 'ne Form von Wahrheit, aber allein das erwähnen zu müssen, kotzt mich schon wieder an. Ich halt mich da raus. Wo waren wir ste-hen geblieben?

Moderatorin: Ich wollte von Ihnen wissen, ob Sie selber gar nicht so denken, wie Sie auf der Bühne reden.

GröCoZ: Ja, dann frag mich das.

Moderatorin: Heißt das, Sie denken selber gar nicht so, wie Sie auf der Bühne …

GröCoZ: Ach! Das interessiert mich alles gar nicht. Ich be-komme jeden Monat ein festes Gehalt von der Initiative Neue Soziale Marktwirtschaft und von der CSU. Ich bin so was wie 'n Vertreter für die im Entertainment-Bereich. Also, ich muss nur so 'n paar neoliberale und rechte State-ments von denen mit reinnehmen, und der Rest ist total meine künstlerische Freiheit.

Moderatorin: Ach, DESHALB sind Sie überall zu sehen! Sie haben ja mehrere Sendungen im Ersten und sind auch in der Presse und im Netz omnipräsent.

GröCoZ: Ja klar. Das ist denen schon wichtig, dass da 'n Spaßmacher den Leuten so 'n Kram erzählt. Von Politikern lassen die sich das ja nicht sagen.

Moderatorin: *(Lacht mit.)* Nee. Da ist bei Komiker*innen einfach noch der Glaubwürdigkeitsfaktor da, ne? Aber eine Sache kapier ich nicht ganz: Ich dachte immer, Kabarett oder Comedy, gut, wo ist da der Unterschied, wäre per se links … gut, was ist links … Also quasi das Instrument der Ohnmächtigen gegen die Herrschenden.

GröCoZ: Boah, das ist aber ganz schön 2010. Hast du den Schuss nicht gehört? Rechts ist das neue Links! Links ist überhaupt nicht angesagt.

Moderatorin: Na ja, unter Intellektuellen schon, oder? Rechts ist doch total prollig.

GröCoZ: *(Lacht.)* Sorry, auf welchem Planeten lebst du denn? Guck dir mal die Leute an, die du bis jetzt für links gehalten hast. Da stehen jetzt aber echt viele auf der andern Straßenseite. Künstler. Journalisten. Intellektuelle.

Moderatorin: Aber wieso? AfD und so, das ist doch eigentlich gar kein Thema mehr seit äh … Dingsbums!

GröCoZ: Ja, natürlich nicht! Seit Dingsbums machen sie ja ALLE AfD-Politik.

Moderatorin: Echt? … Hab ich 'n Trend verpasst? *(Panik erfasst sie.)*

Liebe Leute, das war der Brennpunkt. Nächste Woche sehen wir uns wieder mit dem Thema »Sind Hakenkreuz-Tattoos nur freche Statements oder ein modisches Must-have?« Ihnen eine gute Woche. Mein Name war Mabsi Moderabsi.

Gespräch in der Garderobe

Moderatorin: Und? Wie fandstes? Ich glaub, du kamst sympathisch rüber. Können wir ja gleich mal die Klicks checken.

GröCoZ: Ja, sympathisch ist mir jetzt nicht so wichtig. Hauptsache authentisch. Also, die dürfen ruhig denken, ich bin ein Arschloch. Wichtig ist mir nur, dass die sich mit mir identifizieren, ne.

Moderatorin: Ach, meinste den Hoeneß-Effekt?

GröCoZ: Jajaja, genau. Wenn du 'n Arschloch bist und dazu stehst, mögen die Leute dich ja mehr, als wenn du KEIN Arschloch bist. Weil das so … menschlich ist, weißte? Wetten, dass die meisten von den Honks da draußen lieber mit Hoeneß ein Bier trinken gehen als mit Edward Snowden? Ich sag dir was: »Menschlich« ist die geilste Ausrede für alles …

Moderatorin: Haste recht.

GröCoZ: Sag mal, die Autorin, das ging gar nicht, oder? Was war das denn für 'ne Nummer?

Moderatorin: Was meinst du? Die Fußnote oder was?

GröCoZ: Ja, klar. Du kannst doch nicht ein Buch schreiben und dann einfach ungefragt deinen Protagonisten reingrätschen.

Moderatorin: Protagonist*innen.

GröCoZ: Ja. Die Szene lief doch eins a. Aber wenn die Prayon was zu verkünden hat, ist das dann alles scheißegal, oder was?

Moderatorin: Was willst du machen? Das ist die Realität. Als Romanfiguren haben wir überhaupt keine Rechte. Wir haben halt keine Lobby.

GröCoZ: Romanfiguren! Wenn's wenigstens ein Roman wäre. Es ist aber kein Roman. Es ist nicht mal ein Kochbuch. Es ist irgendwie der verreckte Versuch, aus 'nem präpandemischen Kabarettprogramm postpandemische Literatur zu machen. Peinlich. Und fällt dir was auf? Das ist hier schon wieder Meta-Ebene ohne Ende. Und wir machen noch mit! Abartig.

Moderatorin: Ich mag das ja.

GröCoZ: Was? Dass sich zwei ausgedachte Figuren darüber unterhalten, wie es sich anfühlt, ausgedachte Figuren in einem Buch für Leute mit Nischengeschmack zu sein?

Moderatorin: Ganz ehrlich: Wir haben doch noch Glück gehabt. Wir hätten ja auch in ganz anderen Formaten auftauchen können. Das hier ist doch zumindest schräg.

GröCoZ: Ganz ehrlich: »Schräg« ist der Pony meiner Friseuse.

Moderatorin: Friseurin.

GröCoZ: Ich steig aus.

Pause

Wenn ich jetzt auf einer Kabarettbühne stünde, würde ich an dieser Stelle eine etwa 20-minütige Pause machen.

Ich schlage vor, diese lieb gewordene Gewohnheit auch in diesem Buch beizubehalten.

Sie haben jetzt 20 Minuten zu Ihrer freien Verfügung. Was daran so praktisch ist: Eine klar vorgegebene Unterbrechung der Lektüre ermöglicht Ihnen, alles in dieser einen Pause zu erledigen, wofür Sie sonst viele kleine Pausen an unpassenden, möglicherweise sogar spannenden Stellen eingelegt hätten. Bei herkömmlichen Büchern wird in der Regel viel zu selten darauf Rücksicht genommen, dass die Rezipient*innen neben dem Lesen ja auch noch andere Bedürfnisse haben, die in regelmäßigen zeitlichen Abständen befriedigt werden wollen, als da wären die Zu- und Abfuhr von Flüssigkeiten, das Strecken der Glieder oder das intellektuelle und emotionale Verarbeiten des soeben Gelesenen.

So kommt es oft zu unschönen Spontanpausen inmitten eines erzählerischen Vorgangs, in denen ein gutes Buch einfach zugeschlagen und beiseite gelegt wird, nur damit der Leser oder die Leserin die Toilette besuchen oder ein Kaltgetränk zu sich nehmen kann. Das ist würdelos und unnötig, denn es lässt sich mit einer bewusst gesetzten Zäsur an der richtigen Stelle leicht vermeiden.

In diesem Sinne: Sie verpassen nichts, aber auch rein gar nichts, wenn Sie JETZT 20 Minuten lang … ah, Moment, 20 waren es zu Beginn des Kapitels, jetzt sind es noch 19, wenn Sie jetzt 19 Minuten lang Pause machen.

Ab jetzt.[5]

---

5 Ich möchte ehrlich zu Ihnen sein. Das, was an den Bühnen hierzulande unter der Wohlfühlbezeichnung »Pause« subsumiert wird, ist natürlich keine echte Pause. Die »Pause« dient einzig und allein dem Zweck, dem Publikum Getränke zu verkaufen. Es gibt kaum ein Kabarettprogramm, welches sich nicht bequem in 80 oder 90 Minuten ohne Pause präsentieren ließe. Da kämen die Zuschauer*innen sogar noch mit der vorletzten Bahn nachhause, statt zehn Minuten vor Vorstellungsende lautstark den Theatersaal verlassen zu müssen, weil man sonst die letzte Bahn nicht mehr erwischt. Die »Pause« ist ein Zugeständnis an den neoliberalen Zeitgeist. Es muss sich rechnen, soll aber nicht nach »Rechnen« riechen. Die Kund*innen sollen das Gefühl haben, ihnen wird nichts verkauft, sondern Gutes getan. Das verurteile ich als ehemalige Kabarettistin aufs Schärfste. Ich verurteile es nicht nur, es macht mich sogar regelrecht wütend, dass alles, aber auch wirklich alles nur an seinem Warenwert gemessen wird. Reflexartig schießt mir ein geniales Wortspiel durch den Kopf (»Der Warenwert bestimmt den wahren Wert«), und das macht mich noch viel wütender, weil ich

merke, wie fit ich als Kabarettistin noch bin genau genommen bin ich eine premium-kabarettistin im ranking ganz weit oben topware ich hatte auch schon meinen preis als ich noch aktive kabarettistin war also ich war jemand mit einem gewissen marktwert und jetzt dümpele ich hier so herum auf fuffzig seiten taschenbuch die sich mit viel glück 20 000 mal verkaufen mit VIEL GLÜCK wohlgemerkt das macht dann altogether mit vorschuss und verkaufsbeteiligung von zehn prozent und nach abzug der agenturprovision vielleicht 15 000 euro im halben jahr 15 000 euro das hab ich normalerweise früher an drei abenden verdient ich übertreibe aber ich muss übertreiben damit es deutlich wird mein selbstwertgefühl lag wirklich mal bei 15 000 euro und jetzt was bin ich jetzt wert verdammt je länger ich darüber nachdenke desto wütender werde ich ich könnte heulen was ist das nur für eine welt.

Jetzt verschwinde ich noch mal für kleine Königstiger. Wir sehen uns im nächsten Kapitel. Genießen Sie Ihre Pause – es sind noch zwölf Minuten.

Radio Diarrhoe

Mann oder Frau?

Moderator: Guten Morgen, Deutschland! Geiles Wetter, super Laune, an diesem sehr, sehr großartigen Freitagmorgen. Ihr Lieben, wir haben gerade 'ne unfassbar geile Uhrzeit, ich sag sie euch, es ist 8 Uhr 5 an diesem hammergeilen 21. März. Zeit für unser beliebtes Ratespiel »Mann oder Frau?«! Ich hab hier den Jürgen in der Leitung. Jürgen, bist du bereit?

Jürgen: Ja.

Moderator: Jürgen, bist du gut drauf?

Jürgen: Ja.

Moderator: Jürgen. Du kennst die Spielregeln. Wir steigen ein bei fünf Millionen Euro. Wenn du die Frage auf Anhieb richtig beantworten kannst, gibt's die fünf Millionen cash auf die Kralle. Bei jeder Hilfestellung gibt's ein bisschen weniger. Jürgen, bist du bereit?

Jürgen: Ja.

Moderator: Dann kommt hier deine Frage, Jürgen: *(Jingle.)* Erika Mustermann … Mann oder Frau? *(Jingle.)*

Jürgen: Äääh …

Moderator: Jürgen, du hast noch drei Sekunden …

Jürgen: Mann.

Moderator: Schade! Das ist falsch. Erika Mustermann ist leider eine Frau! Jürgen, nächste Runde?

Jürgen: Ja.

Moderator: Bist du noch gut drauf?

Jürgen: Ja.

Moderator: Jürgen, ich hab hier deine nächste Frage, und jetzt steigen wir bei 500 000 ein: *(Jingle.)* Annegret Müller … Mann oder Frau? *(Jingle.)* … Jürgen, biste noch dran?

Jürgen: Ja.

Moderator: Du weißt, du musst nicht alles auf eine Karte setzen, du kannst dir auch helfen lassen.

Jürgen: Ja.

Moderator: Willst du dir helfen lassen?

Jürgen: Ja.

Moderator: Pass auf, Jürgen, hier der erste Tipp: Annegret Müller hat ihren Führerschein in Lüdenscheid gemacht. *(Jingle.)* … Mann oder Frau? *(Jingle.)*

Jürgen: *(Pustet in den Hörer.)*

Moderator: Schade, Jürgen, damit sind auch die 500 000 weg. Es geht also jetzt um 500 Euro. Womit kann ich dir helfen?

Jürgen: Ääh, kann ich mal die Stimme hören?

Moderator: Klasse Idee, Jürgen. Hier ist dein 500-Euro-Hinweis, die Stimme von Annegret Müller, und ich frage: *(Jingle)* »Mann oder Frau?« – Jürgen?

Jürgen: Ja.

Moderator: Da kam jetzt nix von dir, schade.

Jürgen: Ich hab die Stimme jetzt gar nicht gehört.

Moderator: DAS ist RICHTIG, Jürgen! Die Frage hast du leider TROTZDEM nicht beantwortet und deshalb kommen wir jetzt zur 20-Euro-Frage. Telefon-Joker, Jürgen?

Jürgen: Ja.

Moderator: Extrem richtige Entscheidung, Jürgen. Wir haben einen Promi für dich in der Leitung, die Christine Lagarde. Was möchtest du sie fragen, Jürgen?

Jürgen: Äh, ja, ob Annegret Müller ein Mann oder eine Frau ist, wär meine Frage.

Moderator: Jürgen, ist das dein Ernst? Du hast Christine Lagarde am Telefon und du willst wissen, ob Annegret Müller ein Mann oder eine Frau ist? Scheiße, Jürgen, bist du noch gut drauf?

Jürgen: Ja.

Moderator: Du weißt schon, wer Christine Lagarde ist, oder?

Jürgen: Nee.

Moderator: Du weißt nicht, wer Christine Lagarde ist? Die ist das, was Mario Draghi früher war. Jürgen, hast du Mario Draghi neulich bei Ina Müller gesehen?

Jürgen: Nee.

Moderator: Total erfrischend, wenn so 'n Wirtschaftstyp mal seine private Seite zeigt. Wusstest du, dass der Vegetarier ist und auf blonde Frauen steht? Ey, wie sympathisch ist das denn? Jürgen, die 20 Euro haste jetzt versemmelt. Ist aber nicht »draghisch«, oder?

Jürgen: Ja.

Moderator: Oooouuuh, Jürgen, jetzt haste das Wortspiel nicht mitgekriegt. Schade! Draghisch hab ich gesagt. Ne? Also, nicht tragisch, sondern draghisch. Wegen Mario Draghi. Verstehste?

Jürgen: Ja.

Moderator: Ja, aber du hast an der Stelle nicht gesagt: »Stopp. Plopp. Rubbel die Katz. Wortspiel am Platz.«

Jürgen: Äh, ich wusste nicht, dass man das soll.

Moderator: DAS ist RICHTIG, Jürgen! Du hast es aber leider trotzdem nicht gemacht.

Jürgen: Ach, schade.

Moderator: Ja! Schade! Wir sind hier aber nicht die Gutmenschenzentrale, deshalb muss ich dafür den totalen Punkteabzug geben. Jürgen, du bist auf null. Ist für dich die Untergrenze erreicht oder fährst du Risiko?

Jürgen: Was heißt denn Risiko?

Moderator: Super-Entscheidung, Jürgen. Total mutig. Jürgen. Letzte Runde. *(Jingle.)* Jürgen Schneider ... Mann oder Frau? *(Jingle.)*

Jürgen: Äääh, das bin ich.

Moderator: Das ist richtig, Jürgen. Das beantwortet aber noch nicht die Frage, Jürgen. Jürgen! Jürgen Schneider – Mann oder Frau?

Jürgen: Na ja, ich bin zwar mit weiblichen Geschlechtsmerkmalen auf die Welt gekommen, aber ich hab mich irgendwie nicht als Mädchen oder Frau gefühlt, und deshalb war das für mich eigentlich ein völlig konsequenter Schritt, dass ich vor 'nem halben Jahr ...

Moderator: Oooouuuh, Jürgen. Stoppstoppstopp. »Stopp. Plopp. Sender wird warm. Gender-Alarm.« Scheiße, Jürgen, was sollte das denn eben?

Jürgen: Was?

Moderator: Jürgen. Das ist ein Ratespiel. Wir sind hier nicht die linksversiffte Kommandozentrale für Korrektsprech. Hey, ihr hört RADIO DIARRHOE, beste Unterhaltung auf eurem SENDER GLEIWITZ LUSTIG, DER Sender für Ehrlichkeit, Authentizität UND Spaß! Jürgen. Du hast dich gerade erfolgreich als Spaßbremse der Woche geoutet. Aber du wolltest ja volles Risiko, ich hab dich gewarnt. Jürgen, nur zur Info, du bist jetzt eine Million im Minus. Ich geb dir noch eine Chance, Jürgen. Pass auf, wenn du die nächste Frage richtig beantwortest, bleibt es bei der Million, die du uns jetzt schuldest. Wenn du die Frage falsch beantwortest, müssen wir dir leider noch das Wohngeld streichen, okay? Jürgen, bist du gut drauf?… Jürgen?

Jürgen: Ja.

Moderator: Schaaade, Jürgen! Das haste leider falsch beantwortet. Du bist NICHT gut drauf. Das hört doch ein Tauber mit 'nem Krückstock. Jürgen, schon vergessen? Wir sind DER Radiosender für Ehrlichkeit in Deutschland. DAS ist jetzt ein ganz schönes Armutszeugnis für dich, Jürgen, ne, in jeder Hinsicht! Moralisch haste jetzt verloren, wegen der krassen Lüge, und finanziell haste auch alles verspielt, ne? Jürgen, wie fühlt sich das an? … Jürgen?

Jürgen: Ja.

Moderator: Jürgen! Ich möcht mich bei dir bedanken, dass du heute mitgespielt hast. Bleib bitte noch 'n Moment in der Leitung, damit wir dir unsere Bankverbindung mitteilen können, ja?

Llllleute, ihr hört Radio Diarrhoe, im Internet auf radiodiarrhoe.com. Ihr könnt diese Sendung natürlich auch als Podcast runterladen oder – für die ganz alten Säcke unter euch – gibt's das Ganze selbstverständlich auch immer noch analog und schön old school in Omas Transistorradio. Wenn's euch nicht gefällt, liked uns einfach auf Facebook, Twitter, Gigaspam oder Cumshot. Ihr könnt auch wie immer live und in 4D mit eurem Smartphone, der Waschmaschine oder dem Kühlschrank dabei sein. Wenn ihr mich oder unsere Studiogäste anfassen wollt: einfach Touch-App installieren, super-hygienisch, ihr wisst Bescheid.

Hey – ihr hört Radio Diarrhoe! In Sachen Unterhaltung die absolut unterste Haltung!

Falschblinker

Und wir melden einen aktuellen Falschblinker: Herr Uwe Bönisch aus Heilbronn hat ihn entdeckt. Er schreibt uns: »Habe hier einen klassischen Fall von rechts blinken und links abbiegen. Mein Metzger hat mir bisher immer recht gegeben, wenn ich mich abfällig über Ausländer geäußert habe. Gestern Abend musste ich allerdings beobachten, wie er kurz nach Ladenschluss am Hinterausgang der Metzgerei Leberkäswecken an einige Flüchtlingskinder verteilte und sich mit diesen offensichtlich auch noch prächtig verstand. Bin nun sehr enttäuscht, wenn nicht sogar menschlich enttäuscht von meinem Metzger, mit dem ich mich bisher eigentlich gut verstanden habe, auf der fleischlichen Ebene. Es handelt sich um die Metzgerei Fröschle in der Turmstraße 5 A direkt neben dem Penny-Markt.«

Danke, Herr Bönisch. Wenn auch Sie irgendwo im Alltag, in den Medien, auf deutschen Bühnen, bei den Nachbarn, im Kindergarten Falschblinker entdecken, auch wenn Sie nur die VERMUTUNG haben, da versteckt jemand hinter der rechten Fassade EIGENTLICH eine linke Gesinnung, geben Sie uns bitte Bescheid. Für jede Falschblinker-Meldung gibt es von uns ein kleines Dankeschön, die CD »Das große Flüchtlingsfest der Volksmusik« – *(lacht)* – ich mein natürlich »Das große Frühlingsfest der Volksmusik« *(lacht immer noch)*.

Da hab ich noch jemanden in der Leitung. Guten Morgen, Frau Bogandzic aus Stuttgart, haben Sie auch einen Falschblinker zu melden?

Bogandzic: *(Schwäbelt leicht.)* Ja, guten Morgen in die Runde.

Moderator: Guten Morgen, Frau Bogandzic.

Bogandzic: Guten Morgen. *(Beide lachen.)*

Moderator: Guten Morgen. Sie haben uns angerufen.

Bogandzic: Ja, ich wollte einen Falschblinker melden.

Moderator: Ja, bitte.

Bogandzic: Ja, guten Morgen. Ich hab IMMER mit meinem Nachbarn gschwätzt und gedacht, des wär ein aufrechter Nazi. Und da sagt der geschtern: »Man kann doch net einfach nur Flüchtlinge ABSCHIEBEN. Man muss die Flucht-URSACHEN BEKÄMPFEN.« Also, des isch doch des Letschte. Wir als Deutsche haben des Problem ja schon mitverursacht, da kann man doch net verlangen, dass wir des auch noch lösen! Man kann doch net immer alles im Zusammenhang sehen! Oder?!

Moderator: Ja, vielen Dank, Frau Bogandzic. Nennen Sie uns bitte auch noch den Namen Ihres Nachbarn?

Bogandzic: Ja, des isch der Theo Brunzinger, der wo die Hefe-Oschteopathie auf'm Killesberg macht.

Moderator: Danke, Frau Bogandzic. Ihr Name klingt aber auch nicht richtig deutsch. Woher kommen Sie? – Frau Bogandzic?

Bogandzic: Ha ja, was isch des für eine Frage? Bogandzic, des isch doch ein typisch deutscher Name. Die Bogandzics, des isch schwäbischer Halbhöhenadel! Dsisch doch DUNKELBLAUES Blut vom Feinschten! – Haben Sie des … könnten Sie des mit dem Namen eventuell rausschneiden?

Moderator: Frau Bogandzic, das ist live. Und sagen Sie mal, Hand aufs Herz, so als alte Balkan-Haut, hat man da nicht traditionell eher DUNKELROTES Blut …? *(Pfeift durch die Zähne.)* Frau Bogandzic, Sie sind ja von der GANZ schlimmen Sorte: Falschblinker melden und SELBER falsch blinken. Also, liebe Zuhörer, Vorsicht, wir haben einen besonders krassen Falschblinker: Frau Maria Bogandzic, Killesberg 317, 70585 Stuttgart. Ihre Telefonnummer: 0171 dreimal die 5 8573 … Ist richtig, Frau Bogandzic?

Bogandzic: Ja.

Moderator: … und wer der Dame lieber ANONYM einen Hasskommentar schicken möchte, findet sie auf Gigaspam unter ihrem Pseudonym »Killesbergmäusle 345«.

Und hier noch ein Verkehrshinweis: Die A8 ist in beiden Fahrtrichtungen gesperrt. Grund dafür: Eine offensichtlich verwirrte Glyphosat-Zecke ist von einer Wildbrücke auf die Autobahn gestürzt und hat einen Sattelzug unter sich begraben.

Und zum Schluss noch eine Falschmeldung für ganz Deutschland: Der aktuelle Flüchtlingsstrom übersteigt die Marke von 2015. Wir bitten Sie, Ihre Frauen vorübergehend wegzuschließen, insbesondere wenn Sie im Besitz BLONDER Frauen sind. Halten Sie Türen und Fenster verriegelt, bis unsere Jungs von der Bundeswehr die Überflutung unter Kontrolle haben. Wir melden, wenn die Gefahr vorüber ist.

So, Freunde – wisst ihr, was mir nicht aus'm Kopf geht? Leberkäswecken für Flüchtlinge. Wie sinnlos ist DAS bitte? Das dürfen die doch gar nicht essen. Religionsmäßig. Das verbietet denen doch ihr Dings, ihr Islamismus. Na ja, gut, da kenn ich mich jetzt nicht so aus, vielleicht treibt's der Hunger rein, is auch egal.

Verbrauchertipps

Wir lassen uns davon nicht die Laune verderben. Wir kommen zu unseren Verbrauchertipps. *(Jingle.)* Letzte Woche habt ihr erfahren, mit welchen originellen Fake-Details ihr euren Lebenslauf pimpen könnt. Heute gibt's an dieser Stelle Tipps für mehr Individualität: Wie steche ich aus der Masse heraus? Wie simuliere ich Persönlichkeit? Wie werde ich noch anderer als die Anderen? Wie ziehe ich den Fokus auf mich? Oder einfacher gesagt: Wie style ich mein Ego? *(Jingle. Stöhnen. Sexy Voice: »Pimp your Ego.«)*

Sieben Tipps für die nächsten sieben Wochentage.

Hier kommt Tipp Nr. 1 (Montag): Abkürzungen! Wenn sich jemand bei dir bedankt, sag einfach ND oder KU statt »Nicht dafür« oder »Keine Ursache«. Das ist GARANTIERT ein richtiger HINHÖRER. Damit setzt du ganz beiläufig coole Sprachtrends und du bist auch einfach schneller fertig mit Sprechen.

Tipp Nr. 2 (Dienstag): Zieh dich niemals für den Playboy aus, sondern für die Süddeutsche oder die Mobil. Das macht noch keiner und das hat Klasse.

Tipp Nr. 3 (Mittwoch): Wenn du ein wirklich lässiges Auto fahren willst, kauf dir 'n Leichenwagen. Davon gibt's nicht viele und du bist in deinem Kiez hundertpro der oder die Einzige. Witziger Nebeneffekt: Selbst wenn du sonst eher so der 0815-Mitläufer-Typ ohne Profil bist, gibt dir DAS 'ne subversive Note!

Tipp Nr. 4 (Donnerstag): Trag Hummelpelz! Endlich ist Pelztragen von seinem Schmuddelimage befreit. Hummelpelze sind dabei so ungefähr das Exklusivste, was der Markt bietet. Für jeden Pelzmantel werden eine Million Hummeln geschoren. Von Flüchtlingskindern mit sehr, sehr kleinen Händen. Du tust also was für sinnvolle Integration von Ausländern und siehst dabei noch gut aus! Schon mal 'ne Hummel gestreichelt? Weicher geht nicht.

Tipp Nr. 5 (Freitag): Statt Süßstoff mal Sauerstoff probieren! Ist gerade im Sommer herrlich frisch.

Tipp Nr. 6 (Samstag): Nicht in Würde altern, sondern auch mal in Bremen oder Darmstadt. In Würde wollen alle, das ist nicht sehr originell.

Tipp Nr. 7 (Sonntag): Lies mal den »Stürmer«. Aber – OHNE Ironie! Einfach mal lesen ohne dieses distanzierte, süffisante Lächeln im Gesicht. Einfach dazu stehen, dass man den gerne liest. Trau dich, andere werden es dir nachmachen!

Die Nachrichten II

(Jingle.) Die Nachrichten! Da sollst du dich nach richten!

Guten Tag, meine Damen und Herren.

Der Bundestag hat ein neues Gesetz verabschiedet. Demnach ist es verboten zu behaupten, es habe den Holocaust gegeben. Der Interessenverband der Deutschen Holocaust-Leugner schlägt folgende Sprachregelung vor: »Einen sogenannten Holocaust hat es nie gegeben. Außerdem ist die Erde eine Scheibe und der Irak verfügt über Massenvernichtungswaffen.« Für das Behaupten der Holocaust-Lüge muss ab sofort mit einer Freiheitsstrafe von mindestens zehn Jahren gerechnet werden.

Eine Meldung vom Sport: Die deutsche Fußball-Nationalmannschaft wurde von der Ratingagentur Moody's herabgestuft. Sie wird bei der kommenden Europa-Meisterschaft deshalb im Viertelfinale ausscheiden.

Und zum Schluss das Wetter: Es wird sonnig und heiter bei Temperaturen um den Siedepunkt.

Die Zahlen des Tages. 7, 17, 524. Apu-Wert 50 bei steigender Pisilenz.

Das waren die Nachrichten. Nach der Werbung geht es weiter mit Desinformation und reaktionärem Dünnpfiff. Viel Vergnügen!

Die Werbung

Hallo!

Es heißt immer, man soll mit Rechten reden. Ich hab davon bisher nicht viel gehalten. Ich dachte, oh Mann, das ist sinnlos, verschossene Energie. Aber das stimmt nicht. Ich HAB jetzt mit Rechten geredet und das hat was GEBRACHT: Die haben mich überzeugt!

Hab ich gedacht: Wenn das so gut funktioniert, probier ich noch andere Sachen aus: mit Rechten essen, mit Rechten schwimmen, mit Rechten schlafen … Ich war mit Rechten wandern, mit Rechten reiten, mit Rechten fechten. Ich hab mit Rechten ferngesehen und mit Rechten auf meinem Sofa gesessen, und was soll ich sagen? Klappt prima.

Rechts! *(Daumen hoch.)* Weil's einfach Spaß macht.

Schinkenpelz

So, Freunde, wir haben wieder eine unfassbar geile Uhrzeit, hier, bei Radio Diarrhoe. Ich sag sie mal: Es ist 9 Uhr 5.

Ich muss mal was klarstellen, weil ich viel böses Feedback auf die letzte Sendung bekommen habe, wo's um Feminismus ging. Ich glaub, da bin ich missverstanden worden. Ich hab gesagt, dass es ja wohl kein Zufall sein kann, dass in dem

Wort Feminismus das Wort MINI steckt, während in dem Wort Maskulismus das Wort COOL steckt. – Hey Freunde, bitte, das war doch keine Kritik! Ich wollte mich mit dieser Aussage doch nicht mit Frauen SOLIDARISIEREN, um Gottes willen! Ich wollte mich über die LUSTIG machen. Frauen mini, Männer cool – ist doch lustig. Meine Güte. Missverständnis beseitigt? Können wir uns wieder mit wichtigen Dingen beschäftigen?

Freunde, ich muss euch was erzählen, das ist der Hammer: Kennt ihr das hier?

(Singt.)

Jingle bells, jingle bells, jingle all the way, oh what fun it is to ride in a one horse open sleigh – hey, jingle bells, jingle bells, jingle …

Und so weiter … Kennt ihr, oder? Was meint ihr, was das ist? Ein amerikanisches Weihnachtslied? Hab ich bis jetzt auch gedacht. Stimmt aber nicht. Das ist altes deutsches Volksliedgut. Das haben uns die Amis geklaut. Wisst ihr, WIE VIELE Lieder und Schlager und Hits uns von den Amis geklaut wurden? Nicht nur »Jingle Bells«. Kennt ihr zum Beispiel »My Way« von diesem Frank Sinatra? Das ist nicht von Frank Sinatra, das heißt auch nicht »My Way«, sondern »Meinetwegen«, und das hat 'ne superschöne deutsche Frau gesungen, die Mary. Oder hier »Country Roads«. Heißt im Original »Kanten Brot«, weiß aber keiner. Könnte ich jetzt 1 000 andere Beispiele nennen.

Nicht WIR kopieren DIE … DIE haben uns einen Großteil unserer Kultur GENOMMEN!! Ich finde, es ist an der Zeit, dass wir uns wieder zurückholen, was uns gehört. Wollt ihr das Lied mal im Original hören? Das heißt nicht »Jingle Bells«, es heißt »Schinkenpelz«.

(Singt.)

Schinkenpelz, Schinkenpelz, Schinken überall
Mannomann, es is so weit,
denn der Horst, der liegt im Schnee, he!
Schinkenpelz, Schinkenpelz, Schinken überall
Mannomann, es is so weit,
denn der Horst, der liegt im Schnee.

Schön, oder? Im Original hört man erst, was für 'ne Poesie da drinsteckt. So war ja das Wort »Mannomann« im Althochdeutschen ein Ausdruck für Bewunderung, eine Art demütige Sprachlosigkeit, eine kontemplative Fassungslosigkeit angesichts eines Naturschauspiels wie hier in diesem Fall ÜBERALL SCHINKEN.

Das geht auf eine germanische Sage zurück, in der es darum geht, dass deutsche Männer früher, wenn sie im Winter auf die Jagd gingen, sich rohen Schinken auf die nackte Haut legten, den sogenannten Schinkenpelz, um sich damit vor Kälte zu schützen und Feinde vom Leib zu halten. Das war auch so 'ne Art Revier markieren, der strenge, salzige Schinkengeruch sollte teutonischen Männerschweiß symbolisieren und einem Fremdstämmigen signalisieren: »Stopp. Keinen Schritt weiter. Das ist MEIN MAMMUT. Such dir woanders eins.«

In dem Lied geht's vor allem um zwei Helden, Frank und Horst, die sich durch den Schnee kämpfen, und es ist ein langer Weg, und am Anfang spielen sie noch Schnickschnackschnuck und »Ich sehe was, was du nicht siehst«, um sich nicht zu langweilen, aber sie können immer nur sagen: »Ich sehe was, was du nicht siehst und das ist weiß«, weil sie ja nur Schnee sehen und sonst nichts, und da ist ihnen halt doch wieder langweilig und deshalb fangen sie an, sich über Heimat zu unterhalten, und erst sind sich beide ganz einig, dass es das Wichtigste ist, die Heimat zu bewahren und vor dem Fremden zu schützen, und dann stellt sich aber raus, dass FRANK 'ne ganz andere Heimat meint als HORST, und die beiden streiten sich fürchterlich und sind sich ganz fremd. Frank sagt, die Heimat läge zwischen Ampfing und Berchtesgaden, ein Stückchen in den Wald rein, da gäb es eine Stelle, wo der Rasen nicht gemäht wird. Nein, sagt der Horst, das ist falsch. Heimat ist diese eine Badebucht am Kummerower See, oben bei Demmin. Und auf einmal ist alles anders, und aus der ursprünglichen Lagerfeuer-Intimität, aus dieser ganz reinen, kernigen, schönen, unschuldigen Burschen…schaft wird plötzlich so ein ganz harter, darwinistischer Überlebenskampf zwischen Frank und Horst. Da bricht sich die Natur Bahn, und Frank ist einfach der Stärkere und erschlägt den Horst mit der blanken Faust, und das Blut spritzt über den weißen Schnee, und das sieht bei aller Grausamkeit wunderschön aus, und der Frank denkt: »Das ist Heimat.« Und er sagt ganz leise: »Ich sehe was, was du nicht siehst, und das ist rot.« Und da muss er fast sogar ein bisschen schmunzeln, und dann zieht er weiter, alleine, und er MUSS Horst zurücklassen, klar, mit einem lachenden und einem weinenden Auge, aber so brutal ist das Leben, und unsere Kinder lernen schon seit 500 Jahren in der Schule dieses wunderbare urdeutsche Lied … falsch!

(Singt es wie ein Marschlied und schlägt dazu den Takt mit der Faust auf den Tisch, aber nicht »deutsch« auf die 1 und die

3, sondern auf die 2 und die 4 . Es swingt, ohne dass das beab-
sichtigt war.)

Schinkenpelz, Schinkenpelz, Schinken überall
Mannomann, es is so weit,
Denn der Horst, der liegt im Schnee, he!
Schinkenpelz, Schinkenpelz, Sch…

Kurze Zwischenfrage

Kurze Zwischenfrage: Ist das okay für Sie, wenn ich mal den Sender wechsle?

Wegen Niveau und so.

Wenn Sie nichts dagegen haben, suche ich mal was Seriöses. Das ist ja das Schöne, dass wir immer die Wahl haben zwischen Gehirn ein- und ausschalten, zwischen dummer, tendenziöser Meinungsmache und Qualitätsjournalismus, zwischen selbstgerechtem Mainstreamblabla und aufgeklärt-kritischer Analyse, zwischen Privat und Öffentlich-Rechtlich, zwischen Fake News und Deutschlandfunk.

Ah, jetzt hab ich was gefunden.

Schlandfunk

Lea Porn: Sooo, liebe Zuhörer*innen. Die Lage in Syrien macht uns Sorge. Wir möchten nun darüber mit dem renommierten Syrien-Kenner Rüdiger Wiesloch-Rauenberg sprechen und seine Einschätzung der Lage hören. Herr Wiesloch-Rauenberg, es gab ja diesen schrecklichen, fast unmenschlichen Giftgas-Anschlag …

Wiesloch-Rauenberg: Na! Moment. Nicht so schnell. Das wissen wir noch nicht.

Lea Porn: Bitte wie? Sie selber sagen doch ständig, Russland sei dafür verantwortlich?!

Wiesloch-Rauenberg: Jaja! Ja, das sage ich. Aber die Schuldfrage lässt sich doch unabhängig davon klären, ob etwas überhaupt stattgefunden hat.

Lea Porn: Natürlich. Bitte wie?

Wiesloch-Rauenberg: Schauen Sie, Frau Porn. So oder so waren es die Russen, ob sie nun etwas getan haben oder nicht.

Lea Porn: Verstehe. Aber haben Sie nicht die Sorge, sich mit solchen Behauptungen dem Vorwurf der Lüge auszusetzen?

Wiesloch-Rauenberg: Nein.

Lea Porn: Nein?

Wiesloch-Rauenberg: Nein. Der Vorwurf der Lüge wäre ja nur dann schlimm, wenn ich eigentlich die Wahrheit sagen würde.

Lea Porn: Ach so. Tun Sie das nicht?

Wiesloch-Rauenberg: Nein. Ich lüge. Immer.

Lea Porn: Interessant. Warum?

Wiesloch-Rauenberg: Warum ich lüge?

Lea Porn: *(Lacht.)* Nein, das ist ja klar! Warum Sie das so offen und ehrlich ZUGEBEN, dass Sie lügen?

Wiesloch-Rauenberg: Damit ich nicht der Lüge ÜBERFÜHRT werden kann.

Lea Porn: Bravo. Respekt.

Wiesloch-Rauenberg: Schauen Sie: Es geht doch nicht um Wahrheit, sondern um Glaubwürdigkeit.

Lea Porn: Oooh … Das ist ein hervorragender Schlusssatz.

Wiesloch-Rauenberg: Hat Brecht gesagt.

Lea Porn: Ach, wirklich?

Wiesloch-Rauenberg: Nein. Hat er nicht. Könnte er aber gesagt haben.

#gänsehaut

Geht es Ihnen auch so, dass Sie das manchmal alles nicht mehr hören wollen? Mir ist das zu viel, womit ich den ganzen Tag zugeballert werde. Ich weiß gar nicht mehr, was echt und was unecht ist, was richtig oder falsch. Wen soll ich wählen? Soll ich überhaupt wählen? Wem kann ich glauben? Darf man in diese Welt überhaupt noch Kinder setzen?

Manchmal stelle ich mir vor, ich schalte den ganzen Irrsinn ab und mach nirgendwo mehr mit, alles weg, Facebook, Twitter, Radio, Fernsehen, Internet, Job, Freizeitstress, Konsum – keine Lust mehr. Ich bin so müde und dabei hab ich doch eigentlich so eine Lust aufs Leben. Wo ist es denn, das Leben? Ich hab doch mal so viel gewollt. Wann ist mir das weggenommen worden? Und von wem?

Manchmal wünschte ich mir, es würde mich jemand an der Hand nehmen und mir sagen, was ich denken soll, mir alle Entscheidungen abnehmen … mich führen. Ja, das wäre schön!

Ständig sehe ich all die schlimmen Bilder, im Fernsehen, im Internet, die mich traurig machen sollen, aber … mir fehlen die Tränen.

Mein Verstand sagt mir, also mein gesunder Menschenverstand – den hat man ja als normale Gesunde, das ist ja keine große Kopfsache, der gesunde Menschenverstand, das ist ja eher ein Gefühl – also mein Verstand sagt mir: Schau hin, da musst du was tun! Aber mein Gefühl, also mein Bauch-Gefühl, nicht das andere, nicht das Kopf-Gefühl, ich bin ja ein Bauchmensch, also nicht Magendarm, sondern vom Gefühl her, mein Gefühl sagt mir: Du musst gar nichts. Tu was für dich!

Heut Morgen auf dem Klo, da kam mir 'ne Idee:
Wie wär's denn mal, wenn ich den Spieß umdreh?
Wenn ich vom Kabarett zum Slam geh?
Wenn ich die Wörter und eure Köpfe verdreh', weil ich beim Wörterverdrehn so süß aussehe' ist doch eh Schnee was ich erzäh' die Idee um die es geh' wenn ihr versteh' ist dass ich einfach auch mal was von dem Scheiß-System haben will was ich seit Jahr und Tag oberkabarettistencheckermäßig kritisiere nur um abends in Kyritz an der Knatter vor 20 Leuten die Idealistenhampelfrau zu geben nääääää ab heute wird

gereimt
geschleimt
die Halle gerockt
die Mähne gelockt
mit Rhythmus geschockt
die Gage verzockt
und knickergebockt
in Clubs gehockt.

Ich werde ein Poem verfassen, oh ja Baby, ein Poem, bei dem es dir die Socken auszieht vor lauter Gänsehaut, und Baby, ist dir schon mal aufgefallen, dass Gänsehaut auch nur ein Anagramm von Daunenjacke ist, und wenn nicht Baby, dann denk mal drüber nach.

Hey cool, Gedichte müssen sich nicht reimen, denn müssten sie das, wär das echt krass, was, Günter Grass? Hey Spass!

Ich werde ein Poem verfassen
mit dem ich dein Gehirn schachmatt mach
und mich dann über dich Schwachmat schlapplach,
weil du dem Wortgeblubber auf den Leim gehst
und auf den Schleim stehst
den ich verträumt ins Mikro hauch, damit so Affen wie du
romantisch gaffen, juhu.

Ich werd was von meiner Kindheit erzählen, von kleinen Filzstiftfingern und großen Träumen und Fragen, vom Leben in einer Welt, die so irre komplex ist, so irre, so schnell, so irre irre, vom Sichnichtverstandenfühlen und Manchmalganzeinsamsein, und damit du nicht denkst, es geht hier nur um mich und meine Wellnessprobleme, sag ich vielleicht noch, wie krass ich die Welt insgesamt find, auch Kindersoldaten und Menschenrechte und so, oh Baby, du weißt, was ich meine, und kurz bevor's kitschig wird, lach ich mal kurz, schüttel mein Haar, mach 'nen flapsigen Witz über mich, damit du, oh Baby, mich einfach nur noch liken kannst.

Und spätestens jetzt, wenn ich sage, dass es mir manchmal echt gut und manchmal echt schlecht geht, spätestens jetzt hast du Wasser im Auge, oh Baby, Wasser im Auge, weil du denkst: Oh Mann, mir geht's GENAU SO!

Und wenn meine Stimme dann ganz dünn und zerbrechlich wird, weil so viel Wahres drinliegt, so viel Leb-dein-Leben, so viel Sei-du-selbst, und wenn du deinen ganzen unendlich langweiligen Befindlichkeitsmief auf mich projizierst und dich in mir auflöst und mich unendlich liebst, weil dich

dein unendlich langweiliger Befindlichkeitsmief so rührt und
er dir endlich! endlich! unendlich bedeutend vorkommt –
wenn also mein Mittelmaßmantra
deinen Mittelschichtsmann da
so … verzückt, verrückt,
dass er all seine Mittelschichtsfreunde mit meinem Mittel-
maßmovie auf Facebook beglückt,
wenn ich dann Millionen Klicks krick
und euch alle ins Knie ----------

Dann hab ich's geschafft.

Dann laber ich euch fertig bei Lanz und Ina Müller, dann hol
ich mir den Authentizitäts-Bambi und mach richtig Asche
mit eurer blöden Gänsehaut, ooooh Baby, mit eurer Gänsehaut, you know what I mean?

Close your eyes
keep dreaming
ich liebe euch alle.[6]

---

6 Sie können jetzt hier aufhören zu lesen, weil das wirklich ein sehr,
   sehr gutes Ende für das Buch ist. Wir bedauern es, dass Frau Prayon
   diesbezüglich beratungsresistent ist und auf einem weiteren Kapitel besteht. Wir verabschieden uns an dieser Stelle schon mal und
   wünschen trotzdem – wir sind ja Profis – viel Vergnügen bei der
   Lektüre der restlichen (von uns aus Bockigkeit unredigierten) Seiten. Die Verlagsfritzen

Letztes Kapitel

Brööt[7]

Ich habe in der Krise etwas gelernt. Ich habe gelernt, dass jede Krise auch eine Chance ist. Als Kabarettistin war ich stets bemüht, mich dem neoliberalen Zeitgeist zu widersetzen und unser herrschendes ökonomisches System in all seinen Ausprägungen und Verwerfungen zu kritisieren.

Nun, da mir ebenjenes System durch seine aktuellste Krise gewissermaßen ein Berufsverbot auferlegt hat, mich also quasi über Nacht zur Ex-Kabarettistin gemacht hat, bietet mir die erzwungene Umorientierung ganz neue Möglichkeiten. Ohne Kabarett bin ich gar nicht mehr an das ungeschriebene Gesetz der moralischen Integrität gebunden. Ich kann also einfach mal die Sau rauslassen! Geld verdienen! Hallen füllen! Party! WARUM NICHT??

---

7 Die korrekte Schreibweise dieses Wortes kenne ich nicht. Ich konnte dazu auch in diversen Suchmaschinen nichts finden. Vielleicht wird es auch Bröt oder Bröd oder Bröht geschrieben. Vielleicht sogar Prööt oder M'brööt. Ich kenne das Wort nur in der praktischen Anwendung auf der Bühne und habe es je nach Tagesform und eigenem Anspruch mal überartikuliert, mal nachlässig ins Publikum geschleudert. Wie es sich schreibt, müsste man mal eine*n Lektor*in fragen ... Kennen Sie eine*n gute*n?

Sie können sich gar nicht vorstellen, was diese Erkenntnis bei mir ausgelöst hat. Beziehungsweise doch, können Sie, ich erzähle es Ihnen ja gerade. Ich bin auf ganz neue Geschäfts-ideen gekommen! Nix mehr Kapitalismuskritik. Das ist so 2010. Oder so ein affiges Abarbeiten an dem ganzen Fascho-Kram nach dem Motto »ooh, die neue Gefahr von rechts« – so ein Quatsch, das ist nicht neu, das ist total 2020. Das hätte man mal schön vor zehn Jahren machen sollen, da hätte man das noch verkaufen können.

Nein. Wer jetzt Hallen füllen will – hier, GröCoZ, hör mal zu – wer jetzt RICHTIG KOHLE machen will, »Kabarett 2.0«, nee »Kabarett 4.0«, also wer jetzt als Erste über das reden möchte, worüber morgen alle reden, ich sag mal, »Kabarett Zwanzigdreißig«… DER

MUSS

KOMM

UNI

SMUS®

reden.

Jaaaa …Du darfst es natürlich nicht so nennen, ist klar, KOM-MUNISMUS® funktioniert nicht … aber du musst darüber reden! Du nennst es einfach …

BUNDE

SAGENT

UR FÜ

R ARBE

IT®

Kleiner Scherz, nein, du nennst es … Alternative für … Ach nee, Scheiße! Geht ja gar nicht, der ist ja schon vergeben, den haben ja schon die …[8] Nein, du nennst es einfach …

---

8 Auf der Bühne würde ich jetzt mit den Lippen das Wort »Wixer« formen.

BRÖÖT®

BRÖÖT®![9]

(Stille. Bitte einen Engel durch den Raum gehen lassen.)

Nicht Bröötismus. Das wäre wieder eine Ideologie.

Nein: BRÖÖT®!

DIE LEBENSFORM VON MORGEN®!

DAS MODELL FÜR DIE WELT, IN DER WIR LEBEN WOL-
LEN®!

MIT WENIGER ANGST®!

Nein …

JETZT MIT 90 PROZENT WENIGER ANGST®!

Ja. So. Genau.

WEIL WIR VERHÄLTNISSE SCHAFFEN, IN DENEN ES SICH
GAR NICHT LOHNT, GEGENEINANDER ZU ARBEITEN®!

Hey GröCoZ … stell dir mal vor, du hättest keine Angst
mehr … Was würdest du machen? Nur noch Chips essen und
fernsehen? Hey, wenn du ein cleverer Kabarettist sein willst
oder ein cleverer Politiker oder ein cleverer Journalist, dann
setzt du nicht mehr auf das RECHTE Pferd. Dann redest du
über BRÖÖT®!

Was sagst du? Ich versteh dich nicht. Warte, ich komm mal
zu dir auf die nächste Seite …

---

9 Auf der Bühne würde ich das jetzt erst mal wirken lassen. Deshalb
hier ein Absatz, was nicht ansatzweise dieselbe Wirkung hat, aber
ich kann ja nun mal schlecht »bitte einen Engel durch den Raum
gehen lassen« dahinter schreiben.

GröCoZ: Ich wollte wissen, was für'n Style deine neue Lebensform hat. Mehr so riefenstahlmäßig oder eher so 68er
Flower Power.

Prayon: Das weiß ich nicht. Ich glaube, die hat keinen Style,
weil's da NICHTS ZU VERMARKTEN® gäbe!

GröCoZ: Okay, und wo ist der Gag?

Prayon: Weiß ich noch nicht. Vielleicht braucht's da auch
KEINE GAGS MEHR®!

GröCoZ: Okay. Find ich scheiße, dein Brot. Da würde ICH
keine Comedy mehr machen wollen.

Prayon: Jo, das wär natürlich schade.

GröCoZ: Also, kannst ja hier noch weiter agitieren, aber ich
werde nicht an der Abschaffung meines Jobs arbeiten.

Prayon: Alles klar, tschüss.

Ja, keine Ahnung, wie BRÖÖT®-Humor aussieht ... vielleicht kann man keine Witze über Politiker*innen mehr machen. Weil's ... KEINE GIBT®! Aber® Vollidiot*innen® wird's®
da® auch® geben®, da® mach® ich® mir® keine® S®o®r®g®e®n®.

Die Nachrichten III

(Jingle.) Die Nachrichten! Da sollst du dich nach richten!

Guten Abend, meine Damen und Herren.
Die Einführung des bedingungslosen Grundeinkommens
hat zu einer dramatischen Abnahme psychischer Erkrankun-
gen geführt. Es kam zu Massenprotesten in den Chefetagen
der Firmen Bayer und Ratiopharm. Ein Pharmalobbyist, der
aus Patentschutz-Gründen namentlich nicht genannt werden
möchte, äußerte sich der Tageszeitung »Facebook« gegen-
über folgendermaßen: »Eine Gesellschaft, die meint, auf Psy-

chopharmaka verzichten zu können, ist krank.« Er sprach sich außerdem für die Zwangspsychiatrisierung von Kindern mit ADHS aus. Innenminister Palmer bezeichnete diese Idee als »spannend«.

Die mediale Berichterstattung hat in den vergangenen zwei Monaten die Themen »AfD«, »Geflüchtete« und »Dingsbums« konsequent ausgeklammert. Die Folgen seien, so Bundeskanzlerin Weidel, verheerend. Nach dem erfolgreichen Rechtsruck der letzten Jahre sei nun von einem Ruck nichts mehr zu spüren, eher von einer Sackgasse. Experten sprechen vom sogenannten Ruck-Sackgassen-Effekt. Dieser Rucksack-Gassen-Effekt habe, so Weidel, in den letzten Tagen zu mangelndem Rückhalt in der Bevölkerung geführt. Auch sei die These, Geflüchtete seien an allem schuld, OHNE mediale Unterstützung nicht aufrechtzuerhalten. Weidel drohte mit Rücktritt, falls die Berichterstattung nicht unverzüglich wieder die gewohnten Themen und Prioritäten setze.

Bei einer Kundgebung der sogenannten BRÖÖT®-Bewegung kam es zu Ausschreitungen. Nachdem in 134 deutschen Städten rund 45 Millionen Bürger*innen – unter Einhaltung der Hygieneregeln – für die vollständige und gewaltfreie Überwindung des alten ökonomischen Systems demonstriert hatten, legten Polizei und Sicherheitskräfte ihre Waffen nieder, zogen in einem symbolischen Akt ihre Uniformen sowie Stiefel und Unterwäsche aus und verbrannten alles gemeinsam mit den Demonstrierenden. Das Feuer diente in nahezu allen Städten als Auslöser für extremistische Freudenausbrüche und Straßenfeste – unter Einhaltung der Hygieneregeln –, die bislang nicht unter Kontrolle gebracht werden konnten. Lediglich in Stuttgart wurde der Brand umgehend durch Reinigungspersonal gelöscht.

Und zum Schluss das Wetter –

(Die Nachrichtensprecherin hält inne. Sie schaut aus dem Fenster, formt lautlos mit ihren Lippen das Wort »Brööt« und verlässt das Studio.)

ENDE

SCHLUSS

FINITO

Ääh …

Aus.

Sense.

Feierabend.

***

…?

… Knips!

Knips?

Sie sind ja immer noch da! Da stand doch »Ende«. Und »Schluss« stand da auch. Und »Finito« für die, die es immer noch nicht begriffen haben.

Also, ich bin jetzt schon halb abgeschminkt. Damit habe ich gar nicht gerechnet, dass Sie so lange klatschen …

Danke schön. Vielen Dank. Das ist wirklich … also, damit habe ich echt nicht … Ganz lieb von Ihnen … Danke.

Aber ich gebe grundsätzlich keine Zugaben. Wenn eine Geschichte erzählt ist, dann ist sie erzählt. Zugaben sind schon wieder so ein Zugeständnis an den neoliberalen Zeitgeist. Als ob mehr mehr wäre. Als ob ich mich über die kleine Extra-Zahnpastatube freuen würde, die an der großen Zahnpastatube dran klebt, die ich kaufe. Zugaben sind auch ein Zeichen von Schwäche. Wenn ich meiner Geschichte vertraue, braucht es doch kein Bonusmaterial.

BONUSMATERIAL

Zugabe Nummer eins –
80 Jahre Ermächtigungsgesetz

Auftritt in »Neues aus der Anstalt« (ZDF) am 26.03.2013[10]

Liebe Menschen,

vor genau 80 Jahren bekamen die Deutschen ein Ermächtigungsgesetz. Damit durften der Adolf und seine Nazis 1 000 Jahre machen, was sie wollten. Und sie schafften es, in zwölf Jahren so viel kaputt zu machen wie andere in 1 000 Jahren nicht. Die Demokratie war also damals richtig im Arsch, und zwar dort, wo er am dunkelsten ist.

Dabei – formal betrachtet – ist alles tipptopp demokratisch gelaufen: Deutsches Zentrum, Bayerische Volkspartei und Deutsche Staatspartei, also gewissermaßen CDU, CSU und FDP, stimmten der Ermächtigung vom Adolf geschlossen und ohne Widerrede zu.

---

10   Für das Video bitte ▶hier◀ klicken. Wenn sich das Fenster nicht öffnen sollte, bitte diese URL ausschneiden und sorgfältig in die Adresszeile Ihres Browsers einkleben:
https://yewtu.be/watch?v=cV62nUtwyE4
Wenn das nicht klappen sollte, bitte lange auf dieses Bild schauen:

Bei dieser optischen Täuschung sieht das Auge erst einen QR-Code. Nach ca. 30 Sekunden wird dann aber das Video auf der Netzhaut abgespielt.

Nur die SPD (die gab es damals noch), die stimmte mutig dagegen.

Die KPD, die Kommunisten, sagten damals nichts, weil sie gar nicht dabei waren. Die hatten die Nazis nämlich schon verboten. Oder ermordet. Oder beides.

Heute ist das alles anders. Die Deutschen mögen keine Clowns und schon gar nicht solche bösen, wie der Adolf einer war. Gott sei Dank. Unsere Volksvertreter würden sich heute nie, niemals wieder entmündigen lassen. Oder sich gar selbst entmündigen. Auch nicht scheibchenweise oder schleichend so von Zeit zu Zeit, schon gar nicht für einen blöden Bahnhof wie in Stuttgart oder so.

Nie, niemals würden deutsche Volksvertreter ein Gesetz zulassen, dass sie selbst nicht verstünden. Zum Beispiel das mit dem Europäischen Stabilitätsmechanismus ESM. Sie würden doch sofort begreifen, dass solche Dinger niemand demokratisch kontrolliert. Das wäre ja, als würden sie den Markt ermächtigen!

Nie würden deutsche Volksvertreter Regierenden gestatten, die Grundrechte einzuschränken, ganz ohne Not, zum Beispiel mit einer Schnüffel-Datenbank. Oder mit Drohnen überall im Land. So einen Regierenden, der flächendeckend Schauermärchen von Kriminellen und Terroristen erzählen würde, den würden die Volksvertreter heute einfach auslachen und ihn fragen, ob er nicht ein bisschen spinnt. Ach was, des Amtes entheben würden sie ihn.

Und niemals würden sie einem Plan zustimmen, die Schwachen vor den Kopf zu stoßen mit so etwas wie Hartz IV. Oder eine Mittelschicht kalt zu enteignen durch Leiharbeit und Minijobs und gekürzte Renten. Da könnten Banken und Lobbys jammern, wie sie wollten. Denn unsere Volksvertreter, die würden wissen, denn sie haben ja aus der Geschichte gelernt, dass es die so Enttäuschten damals waren, die den Adolf gerne wählten.

Deshalb würden unsere Volksvertreter auch den Aufstand proben,
wollte jemand so ein volkswirtschaftlich Un-Ding wie die Schuldenbremse
in das Grundrecht schreiben, denn sie wüssten klar:
Das nützt den Banken und den Reichen
und »Sparen« ist nicht Sparen, sondern »Streichen«
und »Pragmatismus, Sachzwang« die neue Clownerie.

Wir möchten unseren Volksvertretern mit einem Lied danken. Liebes Volk, erheben Sie sich bitte. Wir singen aus dem Volksvertreterlob die Nr. 19, Strophen 33 bis 45:

Danke, ihr macht das wirklich spitze,
danke, Mensch, ihr seid echt nicht dumm.
Danke, denn wer braucht heut schon so was
wie Ermächtigung!

Zugabe Nummer zwo – Flüchtlinge

Auftritt in »Mitternachtsspitzen« (WDR) am 14.11.2015[11]

Wir haben als Kinder auf langen Autofahrten immer so 'n Spiel gemacht. Man musste so lange ein Wort sagen, bis einem das Wort total fremd vorkam. Zum Beispiel »Fleisch«.

---

11 Video: https://yewtu.be/watch?v=xjAOYIOISfI

Wenn man das oft genug wiederholt – Fleisch, Fleisch, Fleisch, Fleisch, Fleisch – koppelt sich irgendwann der Inhalt von dem Laut ab und das Wort wird so leer, dass man darüber lachen muss. Also als Kind auf langen Autofahrten jedenfalls. Fleisch.

Was ich damals nicht wusste, ist, dass unsere Medien das Spiel auch total gerne spielen. Nehmen Sie mal das Wort »Flüchtling«. Also nicht das Thema. Das Thema gibt's ja schon ewig, wurde nur nicht drüber geredet. Nee, das Wort »Flüchtling«. Das wiederholen die seit ein paar Wochen überall, in den Nachrichten, bei Will, Maischberger, Lanz, in den Kabarettsendungen, überall. Flüchtling, Flüchtling, Flüchtling, Flüchtling, Flüchtling. Kann man so oft sagen, bis es einem fremd vorkommt und nichts mehr bedeutet. Da dreht sich einem sogar richtig ein bisschen die Birne. Cool, oder?

Ist natürlich wichtig, dass man bei dem Spiel nur über Worte redet. Sonst funktioniert das nicht. Das ist ein Oberflächenspiel, da geht's nur um die Gefühle, die ausgelöst werden durch einen Ton oder die Wiederholung der Töne. Also, man nimmt das Wort »Flüchtling« und packt das in tausend Scheindiskussionen, wo es um die falschen Dinge geht. Zum Beispiel darum, ob es gute Flüchtlinge und schlechte Flüchtlinge gibt. Oder darum, wo man die Flüchtlinge erst mal zwischenlagern kann, bevor die Flüchtlinge wieder zurückgehen. Man kann bei dem Spiel auch so TUN, als ob man total engagiert über Flüchtlinge reden würde, und dann lediglich sagen, wie doof man Neonazis findet. DAS geht auch. Damit sagt man zwar nur, was eh alle denken, vermittelt aber den Eindruck, man habe damit etwas FÜR FLÜCHTLINGE getan. Flüchtling. Flüchtling. Funktioniert. Ich weiß schon nicht mehr richtig, worum's eigentlich geht.

Blöd ist nur, wenn man jetzt RICHTIG über Flüchtlinge redet. Dann kann das Wort nicht so richtig schal werden. Also, wenn man jetzt über tiefere Ursachen spricht, ne … fliehen die jetzt alle vor bösen Männern mit Bärten, oder fliehen die vielleicht vor den Auswirkungen unserer Politik? Unserer kapitalgetriebenen Politik? Oh nee, müssten wir dann etwa über den Kapitalismus reden und nicht über Transitzonen, wenn wir wollen, dass sich die Zahl der Flüchtlinge in den nächsten Jahren nicht vertausendfacht? Müssten wir vielleicht sogar langsam mal WIRKLICH, also ganz grundsätzlich darüber reden? Nicht über Alternativen IM Kapitalismus, sondern ZUM Kapitalismus? Und müssten wir statt Kapitalismus »Mapuffel« sagen, weil wir das Wort Kapitalismus schon so oft gehört haben, dass es uns leer vorkommt? Haben wir am Ende vielleicht gar keine FLÜCHTLINGS-Krise, sondern nur die nächste Stufe von SYSTEM-Krise? Sollten wir dann statt der Neonazis vielleicht besser die Neoliberalen dissen? Müssten wir dann Leute wie Lutz Bachmann vielleicht einfach rechts liegen lassen und stattdessen mal über die reden, die in der MITTE der Gesellschaft ganz ähnliche Gedanken salonfähig machen?

(Dieter-Nuhr-Parodie:) »Huuuuu, sind wir doch tatsächlich wieder im Kabarett angekommen – humorlos, ABER links! Ich versuch mal, die Nummer noch mit einer Pointe zu retten: Wer in der Demokratie schläft, wacht zwar in der Diktatur auf, hat aber wenigstens keine Augenringe! Wiedersehen.«

(Falscher Abgang, zurück zur Kamera:) Komm mal her, komm doch mal her … Wenn die mich im Dezember hier noch mal auftreten lassen, mach ich dieselbe Nummer noch mal und ersetze das Wort »Flüchtling« durch »Klima«. Klima, Klima. Da ist doch die Klimakonferenz in Paris, wo die das wieder verbaseln werden, die Welt zu retten, weil sie lieber den Kapitalismus retten. Klima, Klima. Toll, das ist wie Flüchtling in Grün.

Und im Februar tret ich hier noch mal mit derselben Nummer auf. Dann reden wir wieder über Kapitalismus, weil die Schweinegrippen-Vogelpockenpest-Pferdelasagnenebola ausbricht … das muss ich noch üben. Tschüss.

Zugabe Nummer drei – Martin Luther

Auftritt in »Kanzleramt Pforte D« (MDR) am 11.06.2017[12]

Mir ist was Blödes passiert. Ich wurde gebeten, hier was über Luther zu sagen. Ich hab da auch was vorbereitet. Fiel mir auch leicht, weil der ja viel bewegt hat damals. Und für uns heute so wichtig ist, gerade jetzt in Zeiten von Rechtsruck und AfD und Nationalismus überhaupt. Ne, der hat sich ja für die Rechte von Minderheiten eingesetzt, für Toleranz, gegen Rassismus. Und das hab ich alles dem Pförtner hier gesagt, und da sagt der mir gerade eben, dass das alles gar nicht stimmt, weil es ja um MARTIN LUTHER geht. Und nicht um Martin Luther King.

Aah, ich dumme Nuss. Egal, sag ich was über Martin Luther. Da müssen Sie mir nur ein bisschen helfen, weil ich da äh … jetzt halt nicht so gut vorbereitet bin. Martin Luther war auch gegen Rassismus, ne? Ach nee? Im Gegenteil? Der hat was gegen Juden gehabt? Und Türken? Und Fremde überhaupt? Der Luther wurde für ganz andere Sachen gefeiert?

Aber das war doch der mit dem Hammer. Oder? An der Kirche? Das war Hammer. Der hat doch die Sache mit dem

12 Video: https://yewtu.be/watch?v=khsZRN2j6Dc

Ablass kritisiert … und dann wurde der Ablasshandel – glaube ich – auch ziemlich bald verboten … *(Hängt dem Gedanken noch nach.)* Ja! Also, vorher konnte man sich bei der Kirche von seinen Sünden quasi freikaufen und nachher konnte man das nicht mehr. Also, vor Luther hatte man kein Geld, aber auch keine Schuld mehr, und nach Luther hatte man ständig ein schlechtes Gewissen, konnte sich aber dafür auch mal ein neues Tablet oder einen Thermomix leisten. Hab ich das richtig verstanden?

(Kramt einen Zettel raus und liest.) Moment mal …: »Luther hat den Glauben an die Autorität gebrochen, weil er die Autorität des Glaubens restauriert hat. Er hat die Pfaffen in Laien verwandelt, weil er die Laien in Pfaffen verwandelt hat. Er hat den Leib von der Kette emanzipiert, weil er das Herz in Ketten gelegt hat. Karl Marx.«

Mensch, Marx! Auch ein toller Typ! Nächstes Jahr ist ja Marx-Jahr. Das wird natürlich genauso riesig gefeiert wie bei Luther, nämlich in ganz äh … *(guckt auf den Zettel)* Trier! Boah, da hat der Luther ja doch irgendwie die fettere Party, ne? Warum noch mal? Ach, natürlich! Weil der so 'n Fan von Arbeit war, ne? Von richtiger Arbeit: Erwerbsarbeit, Lohnarbeit. Im Gegensatz zum ollen Marx, der das alles Ausbeutung genannt hat.

(Liest wieder vom Zettel.) »Gott will keine faulen Müßiggänger haben, sondern man soll treulich und fleißig arbeiten, ein jeglicher nach seinem Beruf und Amt, so will er den Segen und das Gedeihen dazu geben. Luther.« Hammer-Typ. Oder hier: »Wer nicht arbeitet, soll auch nicht essen.«

Hat doch Luther gesagt? Müntefering? Ach, Stalin? Hitler? Die Bibel? Ach, die haben das alle gesagt? Ja, dann wird da was dran sein. An der Lohnsklaverei … Lohnarbeit, tschuldigung. Also nicht an der Arbeit der Hausfrauen oder so, sondern an der, die Profit schafft. Nee, jetzt ist klar.

Deshalb wird der auch so gefeiert, der Luther, logo: Wenn Luther die Arbeit zum Gottesdienst erhebt und alle an diesen Fetisch glauben, dann funktioniert der Kapitalismus mit seinen kleinen und großen Völkermördereien – ob direkt durch Kriege oder bisschen weniger direkt durch Armut, Hunger, Klimawandel und Flüchtlingsströme – noch weitere 500 Jahre ganz wunderbar! Hey, das ist ja dann … wie 'n tausendjähriges Reich!

(Freut sich über den tollen Einfall, dann stutzt sie kurz, weil irgendwas entfernt bei ihr klingelt.) Irre.

Darauf trinken wir doch einen, oder? Und in zwei Jahren treffen wir uns hier wieder, zur nächsten Party. Zum 75. von Gerhard Schröder. Auch so 'n Arbeitsfetischist. Fördern und fordern. Auch so 'n Hammer-Typ.

Zugabe Nummer vier – Gentrifizierung

Auftritt in »Die Anstalt« am 23.10.2018[13]

Meine Kolleg*innen wissen nicht, dass es das Problem gar nicht mehr gibt, über das hier geredet wird. Ich hab's heute Morgen gelöst. Auf der Toilette.

Ich hab so drüber nachgedacht, wie ungerecht das ist mit den hohen Mieten und dass es nicht sein darf, dass unsere menschlichen Grundbedürfnisse unbezahlbar sind. Essen, Trinken, Wohnen, Atmen. Das hat ja auch was mit Würde zu tun

Und da kam mir 'ne geniale Idee:

---

13 Video: https://dai.ly/k1BLfxFjzQoXgzxihr8

Wir senken die Mietpreise radikal, also ich sag mal, 'ne 3-Zimmer-Wohnung in München kostet dann nicht mehr 1 600, sondern, was weiß ich, nur noch … 300 Euro … Ist das so weit …? Das wäre meiner Meinung nach schon mal ein Riiiiesen-Fortschritt.

Überlegen Sie mal, was das mit den Leuten machen würde: Die hätten a) keine Angst mehr … und ein angstfreier Mensch kann sich ganz anders entfalten, wird auch weniger krank, ist glücklicher, und die hätten b) mehr Geld für andere Sachen zur Verfügung. Wofür?

DA kommen wir jetzt zu meiner genialen Idee:

Die neuen bezahlbaren Wohnungen sind im Prinzip genauso wie die alten, nur ohne Toilette. Also, 'ne Toilette ist schon drin, aber die ist abgeschlossen. Wenn man die benutzen möchte, kauft man sich beim Vermieter den Code fürs Türschloss und DER ist halt RICHTIG TEUER. Da kostet die Minute je nach Vermieter*in zwischen 20 und 30 Euro. Das ist die sogenannte Fäkalabgabe, umgangssprachlich auch Schiete-Miete, aber das klingt so negativ. Also, da kann man, je nach Verdauungslage, am Tag schon mal auf 200 Euro Zusatzkosten kommen. Kann sich nicht jeder leisten, ist mir total klar, aber liebe Leute, wir haben immer noch Kapitalismus, IRGENDWO muss das Geld reinkommen und IRGENDWAS muss Profit abwerfen, tja, wenn Sie das nicht wollen, dann dürfen Sie nicht einfach nur über Gentrifizierung jammern, dann müssen Sie sich Alternativen zum Kapitalismus überlegen, dann müssen Sie DAFÜR auf die Straße gehen, was weiß ich, aber das wollen Sie doch gar nicht, also:

Mein Kombi-Modell (kleine Miete plus Fäkalabgabe) bietet Ihnen – innerhalb dieses Systems – ein absolutes Maximum an Freiheit, Würde und Selbstbestimmtheit. Das Dach über dem Kopf ist Ihnen sicher, und wenn Sie mal 'ne Phase haben, wo Sie nicht jeden Cent umdrehen müssen, können Sie sogar sch…, sooft Sie wollen! Wenn Sie den Gürtel dann wieder enger schnallen müssen, schnallen Sie ihn doch einfach so eng, dass die Magen-Darm-Funktion erst mal außer Kraft gesetzt wird. Und wenn's gar nicht anders geht, Stadtpark und Beutelchen. Klappt bei Hunden auch. Oder einfach mal zusammenreißen. Sie werden staunen, zu welchen Höchstleistungen Sie mit Selbstdisziplin in der Lage sind. Helene Fischer produziert mit dieser Technik Welthits!

Lassen Sie das mal in Ruhe sacken und überlegen Sie, ob Ihnen die Idee gefällt. Also, nicht, dass Ihre Meinung irgendwen interessieren würde … Ich hab das Modell schon patentieren lassen und an die ganz großen Immobilienfuzzis vertickt … aber Sie sollen natürlich das GEFÜHL haben, an der Entscheidung beteiligt zu werden.

Schönen Abend noch und äh – kleiner Tipp: Die Toiletten draußen sind heute noch umsonst. Ich würd mitnehmen, was geht.

Zugabe Nummer fünf – System Change Not Climate Change

Rede beim August RiseUp
(XR-Klimademo am 17.08.2021 in Berlin)[14]

»System change not climate change« höre ich aus den Reihen der Klimabewegten nicht selten. Auf einer anderen

---

14 Video: https://yewtu.be/watch?v=cZCn9qxvFy4

Demo vor drei Wochen las ich auf einem Schild: »Being a lesbian is not a phase. Capitalism is.« Die Forderung nach einem Systemwechsel zieht sich wie ein roter Faden durch alle aktuell relevanten, emanzipatorischen, progressiven Protestbewegungen. Logo. Bei der Frage nach den tieferen Ursachen sämtlicher Krisen und Katastrophen unserer Zeit (Klimakrise, Finanzkrise, Flüchtlingskrise, Coronakrise) landet man, ob man es will oder nicht, irgendwann beim Kapitalismus. Es spielt hierbei keine Rolle, ob man dazu Artensterben, Massentierhaltung, Regenwaldrodungen, Antibiotikaresistenzen, Waldbrände oder eben auch sich pandemisch ausbreitende Zoonosen betrachtet (von Kriegen ganz zu schweigen) – letztlich ist dies alles der Hybris unserer alles andere als nachhaltigen, nur am Profit orientierten ökonomischen Verhältnisse geschuldet.

Ist zwar 'ne olle Kamelle, aber ich sag's gerne auch noch zehn- oder hundertmal:

Es war und ist der Kapitalismus, der unsere Lebensgrundlagen auf diesem Planeten durch seine ökonomischen Mechanismen zu Grunde gerichtet hat und es weiterhin und ungebremst tut. Das tut er nicht, weil er etwa »böse« ist, sondern weil er es nicht anders kann: Es ist sozusagen sein Wesen. Auch kein grün angepinselter Kapitalismus, auch kein staatlich noch so streng regulierter Kapitalismus – Kapitalismus »mit menschlichem Antlitz« etwa – ist also letztendlich die Lösung.

Denn dieses System basiert auf der Verwertung von allem, was uns lieb und teuer ist. Es basiert auf Raub, auf der Schaffung extremster sozialer Ungleichheit, auf einem unbegrenzten Wachstum, was allein schon auf Grund der Begrenztheit der Ressourcen irre und unmöglich erscheinen muss und welches seinem Wesen nach also stets an dem Ast sägen wird, auf welchem die gesamte Menschheit Platz genommen hat. Dass wir dieses ökonomische System hinter uns lassen sollten, ist keine ideologische oder moralische Frage. Angesichts der globalen Probleme, vor denen wir als Menschheit stehen, ist die Überwindung dieser Verhältnisse schlichtweg eine Frage des Überlebens.

Was Sie als Klimabewegte nun neben Ihrem Protest versuchen zu praktizieren: einen respektvollen, basisdemokratischen, kooperativen, solidarischen Umgang untereinander, möglichst hierarchiefrei – könnte ein Modell sein, wie wir auch insgesamt, als Menschheit künftig miteinander umgehen könnten, wenn wir diesen Krisen- und Katastrophen-Kapitalismus endlich fachgerecht entsorgt haben. Diese vernetzten, weitestgehend hierarchiefreien und ziemlich intelligenten Strukturen lassen sich ebenso als Vorlage für eine neue globale, gerechte und solidarische ökonomische Ordnung denken, in welcher tatsächlich global gedacht und lokal gehandelt werden könnte.

Solche Überlegungen, solche alternativen Gesellschaftsmodelle sind nicht neu und nicht mal selten – sie werden nur halt nicht dort diskutiert, wo alle hinschauen und hinhören. Anders gesagt: ECHTE Alternativen für Deutschland bringen bei Maischberger, Lanz und Co. nicht dieselbe Einschaltquote wie etwa die SOGENANNTE Alternative für Deutschland.

»Häh? Was redet die Alte? Aufhebung des Kapitalismus? Wir haben jetzt nicht die Zeit für utopische Spinnereien. Wir müssen was tun! Jetzt!«

Ja. Sehe ich genauso. Es ist richtig, JETZT konkret Druck auszuüben, damit es noch eine reelle Chance für die Beschränkung der Erderwärmung auf 1,5 Grad Celsius gibt. Und der zivile Ungehorsam ist mit Sicherheit auch eine der wirkungsvollsten friedlichen Formen des Widerstands, um diese Forderungen durchzusetzen, weil er das bestehende System ganz ohne Gewalt mächtig ins Stottern bringt.

Es widerspricht sich aber nicht, all diese konkreten einzelnen Ziele zu verfolgen und dabei ein wichtiges großes Ziel im Hinterkopf zu behalten, denn letztendlich geht es darum, die Grundlage für nichts weniger als eine bessere Welt zu schaffen. Der Gedanke an Apokalypse löst bei mir nur Paralyse aus. Aber was mich tatsächlich dazu bewegen könnte, meinen Fatalismus zu überwinden, also etwas zu TUN, ist die Aussicht darauf, dass Veränderung MÖGLICH ist. Und dass das, was nach der Veränderung kommt, vermutlich besser sein wird als das, was jetzt ist. Dass der dafür so häufig unheilvoll angekündigte, notwendige Verzicht möglicherweise gar nicht mit Schmerzen einhergeht, sondern mit einem Zugewinn an Lebensqualität.

Wer sagt denn, dass die Maßnahmen, die den Klimawandel … nun ja, ähm, stoppen? aufhalten? auf ein noch erträgliches Maß reduzieren sollen? Dass diese Maßnahmen zwangsläufig bedeuten, dass ich auf ein gutes Leben verzichten muss? Was ist denn gutes Leben? Eigentumswohnung, Jahresurlaub, Bullshit-Job?

Der Kapitalismus ist kein Naturgesetz. Er ist eine menschliche Entscheidung, eine gesellschaftliche Verabredung. Und die kann man, wenn sie sich als falsch oder dumm oder sogar tödlich herausstellt, auch ändern. Das kann sogar Spaß machen, vor allem, wenn man es mit anderen zusammen macht.

Und ich denke, wir SOLLTEN das ZUSAMMEN machen, weil es kein Anderer für uns machen wird – kein Politiker, keine Politikerin, keine oder keiner von denen, die ein Interesse daran haben, dass die Dinge so bleiben, wie sie sind.

Ich meine, wir können das. Wir haben die Macht dazu, die Dinge zu verändern. Wir sind die 99 Prozent, immer noch. Wir müssen es jetzt nur noch tun. Ich wünsche uns viel Spaß dabei!

Zugabe Numm…

~~Ich merke gerade, ich mache seit Jahren immer dieselbe Nummer … Peinlich.~~

Knips.

Für Julian, Edward und Chelsea

Und für mein Kind